SIETE PAZZI
A MANGIARLO!

CHRISTOPHE BRUSSET

SIETE PAZZI A MANGIARLO!

Traduzione di
MARIA MORESCO

PIEMME

Titolo originale: *Vous êtes fous d'avaler ça!*

Redazione: *Edistudio, Milano*

ISBN 978-88-566-5640-4

I Edizione 2016

Anno 2017-2018 – Edizione 9 10

Stampato presso ELCOGRAF S.p.A. – Stabilimento di Cles (TN)

Nota dell'editore italiano

Secondo un'indagine compiuta dalla Coldiretti, del marzo 2016, in Italia due prosciutti su tre venduti come italiani provengono da maiali allevati all'estero, tre cartoni di latte su quattro sono stranieri senza indicazioni di provenienza in etichetta, come metà delle mozzarelle e il concentrato di pomodoro (i cui arrivi dalla Cina sono aumentati del 379% nel 2015 per un totale di 67 milioni di chili). Per quanto riguarda il miele, uno dei prodotti più falsificati, un barattolo su due non è di origine italiana, e una quantità rilevante di quello in commercio è contraffatto.

Prologo

Consumatori, siete voi che avete il potere!

Tieni sempre presente
che il buon burro è la base della buona cucina,
e ricordati che fare il furbo è tipico degli imbecilli.

La Filosofia di Georges Courteline, 1922

Per quasi vent'anni ho lavorato per grandi aziende del settore agroalimentare, molto note e tutte ampiamente fornite di certificazioni e marchi di qualità, ma la cui etica era solo una facciata. Per queste società, il cibo non ha nulla di nobile: si tratta unicamente di un business, di un mezzo per fare soldi, sempre più soldi. Potrebbero fabbricare altrettanto bene, o altrettanto male, pneumatici o computer.

Sono stati anni difficili, perché la mia visione idealizzata del cibo mal si accordava con la realtà che vivevo. Mi sarebbe piaciuto acquistare i migliori ingredienti, e che la mia Azienda realizzasse prodotti di cui andar fieri, prodotti che potessi consumare io stesso con golosità o far mangiare ai miei figli con totale fiducia. Mi sarebbe piaciuto nutrire il mondo con pietanze industriali, certo, ma preparate a partire da ricette sane, da formule nutrizionali equilibrate. Eravamo ben lontani dal farlo, sia a parole che nei fatti, ma dovevo pur mantenere la famiglia… E a volte mi dicevo che porsi troppe domande, a cui il mio lavoro forniva soltanto brutte risposte, non faceva altro che rendere le cose più difficili.

Eppure alcune domande meritano attenzione. Sapete mangiare? Vi siete già interrogati sul posto che il cibo occupa nella vostra vita? Su cosa è buono? Su cosa significa "mangiare sano"? È importante? Lo è per noi? Per i nostri figli? Sono tutte domande fondamentali che pochi tra noi si pongono seriamente e di cui ancora meno persone conoscono le vere risposte.

Noi siamo ciò che mangiamo, nel vero senso della parola. Gli alimenti sono nientemeno che i materiali di costruzione del nostro corpo. E converrete con me che, affinché una costruzione duri cent'anni, bisogna scegliere i materiali migliori. E ammetterete anche voi che difficilmente si potrà avere un corpo da atleta mangiando solo hamburger e patatine fritte con bibite gasate.

Nutrirsi bene significa anche prendersi cura di sé. Si tratta di una verità nota fin dalla notte dei tempi. Già nell'antichità, Ippocrate affermava: «Che il tuo cibo sia la tua medicina e la tua medicina sia il tuo cibo». In tempi più recenti, Linus Pauling, premio Nobel per la chimica nel 1954, ripeteva instancabilmente che «un'alimentazione ottimale è la medicina del futuro».

Il cibo non è mai stato così abbondante e così a buon mercato. Secondo i dati dell'INSEE[1], i francesi oggi spendono in media per l'alimentazione poco più del 15% del loro reddito, ossia la metà di ciò che si spendeva negli anni Cinquanta. Il nostro pianeta nutre sette miliardi di persone, che saliranno a dieci miliardi nel 2050. La fame e la malnutrizione non sono più i flagelli che furono nei secoli passati e potrebbero persino essere completamente debellate con una distribuzione ottimale delle risorse alimentari disponibili.

1 L'INSEE è in Francia l'Istituto nazionale di statistica e studi economici.

Tuttavia, questi progressi non sono privi di contropartita. L'utilizzo ad alte dosi di molecole chimiche (pesticidi, fungicidi e altri trattamenti agricoli, antibiotici promotori della crescita e ormoni di sintesi per il bestiame, additivi alimentari...) inquina l'ambiente e avvelena lavoratori e consumatori. Le monocolture praticate su vasta scala (ulivi in Spagna, palme da olio in Malesia, mandorli in California) distruggono gli ecosistemi e riducono la biodiversità.

L'omologazione dei gusti e il cibo spazzatura sono responsabili di una vera e propria epidemia mondiale di malattie cardiache, cancro, obesità, diabete e allergie. Il numero di persone in sovrappeso nel mondo[2] è salito vertiginosamente, passando da 850 milioni nel 1980 a più di due miliardi nel 2013, vale a dire quasi un terzo della popolazione mondiale. Nel solo anno 2010, dai tre ai quattro milioni di persone sono morte nel mondo a causa di complicanze legate all'obesità, e questa cifra continua ad aumentare. Oggi le persone che muoiono perché mangiano troppo e male sono più di quelle che muoiono perché non mangiano abbastanza!

A questo aggiungete gli eccessi del capitalismo, che spingono a produrre sempre di più a costi sempre più bassi in una corsa sfrenata ai profitti a breve termine e che hanno portato a clamorosi scandali alimentari in tutto il mondo.

Beninteso, la frode esiste dalla notte dei tempi. I Greci e i Romani dovevano vedersela con vino, farina e olio d'o-

2 Secondo uno studio esaustivo delle cause di mortalità in 188 paesi (su 197 riconosciuti dall'ONU) pubblicato dalla rivista medica americana «The Lancet» nel maggio 2013 e coordinato da Christopher Murray, direttore dell'Institute for Health Metrics and Evaluation dell'università di Washington.

liva adulterati. Nel 1820, il chimico tedesco Friedrich Accum pubblicò a Londra un *Trattato sull'adulterazione dei cibi e sui veleni culinari* in cui descriveva le frodi più diffuse nella capitale inglese agli albori della Rivoluzione industriale: polvere di piselli secchi mescolata al caffè, olio d'oliva contenente ingenti quantità di piombo, caramelle colorate con ossidi di rame, aceto mescolato con acido solforico per aumentarne l'acidità…

Ma soprattutto, analisi alla mano, denunciò coloro che si dedicavano a una frode allora molto diffusa e che consisteva nel sostituire il luppolo con la stricnina o l'acido picrico nella birra, pratica responsabile di numerosi decessi ogni anno.

Accum, che fu il primo a lanciare l'allarme, denunciando quelle truffe si fece così tanti nemici che fu costretto a lasciare l'Inghilterra. Tuttavia, come Machiavelli, di cui Rousseau diceva che era «un uomo onesto e un buon cittadino» e che «ha dato grandi insegnamenti ai popoli», Accum ha reso un immenso servizio ai consumatori del suo tempo. Svelando come nei loro piatti o nei loro bicchieri si potessero trovare dei veri e propri veleni, e indicando quali, ha permesso loro di proteggersi e ha contribuito a ridurre queste pratiche.

Si potrebbe pensare che dal 1820 le cose siano migliorate e che abbiamo avuto il tempo e i mezzi per debellare le frodi alimentari. La popolazione oggi è più istruita, meglio informata, le analisi sono più precise, i servizi sanitari ben radicati, le norme igieniche e di tracciabilità stabilite. Eppure ogni giorno le notizie ci dimostrano che gli imbroglioni continuano a imperversare, spesso giocando d'anticipo, e che i controlli, quando esistono, sono troppo leggeri.

Se fossero stati presi i giusti provvedimenti (che spesso sono molto semplici), uno scandalo come quello della carne di cavallo non si sarebbe potuto verificare. Esso dimostra che non ci si può fidare né delle marche internazionali più conosciute né dei servizi sanitari degli stati più progrediti, che si presume debbano proteggere i cittadini. È prima di tutto una crisi di fiducia generale. Ed è proprio per questo motivo che quello scandalo, sebbene non abbia lasciato dietro di sé morti o feriti, ha avuto una risonanza così enorme.

A chi credere, dunque? Chi dice la verità, se le liste degli ingredienti mentono e i controlli più elementari non vengono eseguiti?

Oggi, con molta modestia, ma come ha fatto Friedrich Accum prima di me, voglio essere utile al maggior numero possibile di persone, a tutti i consumatori tenuti deliberatamente nell'ignoranza e nell'illusione. È la ragione per cui, con questo libro, ho deciso di infrangere la legge del silenzio e di svelare le derive dell'industria agroalimentare. Basandomi su tutti questi anni di esperienza duramente acquisita, rivelando pratiche fraudolente e agendo così a vantaggio della salute di tutti, sento che sto semplicemente facendo il mio dovere. Non è lo scandalo ciò che cerco, ma l'interesse generale: il vostro, il mio, quello dei nostri figli, quello delle generazioni future[3].

Mi accingo dunque a raccontarvi tutto per permettere a voi consumatori di evitare i trabocchetti che vi vengono tesi e – perché no? È bello sognare per due minuti – di far cessare o perlomeno limitare quelle pratiche dubbie.

3 Ho volontariamente – e per motivi di riservatezza – mescolato le esperienze vissute in alcune delle aziende con cui ho collaborato per vent'anni. Ho anche ribattezzato tutte queste società con lo stesso nome generico: "l'Azienda".

Informarvi, educarvi perché, bisogna esserne ben consapevoli e non dimenticarlo, alla fine siete voi che avete il potere di cambiare le cose acquistando o decidendo di non acquistare. Ecco il mio obiettivo e lo scopo di questo libro.

Non comprate più a occhi chiusi, pretendete che i politici, le associazioni dei consumatori e l'industria si impegnino seriamente a stabilire una serie di norme di qualità e di onestà; siate vigili, diffidenti, cercate le informazioni nascoste e condividetele[4]. Utilizzate i social network per fare pressione ed esigere un'alimentazione di qualità. Battetevi per il divieto totale dell'uso nel vostro cibo di molecole artificiali prive del minimo interesse nutrizionale, che vi avvelenano in modo subdolo e insidioso e sono una delle principali cause di allergie, disturbi comportamentali e altri disordini più gravi sul lungo periodo.

Prendete le redini della vostra alimentazione, mangiate sano, e possiate vivere a lungo e in buona salute.

4 Si veda a questo proposito l'epilogo del presente libro, *Piccola guida di sopravvivenza al supermercato.*

1
Benvenuti nel meraviglioso mondo dell'agroalimentare

L'industria agroalimentare è il mio lavoro quotidiano. Ci lavoro da più di vent'anni. Vi ho svolto diverse mansioni: ingegnere, compratore, *trader*, direttore degli acquisti; in piccole e medie imprese o in grandi gruppi. In Francia e altrove. Ho fatto più volte il giro del mondo e ho visitato centinaia di stabilimenti. Sono stato testimone, e a volte attore, di alcune pratiche a cui generalmente non si fa pubblicità.

Non voglio certo ricoprire di ignominia il mondo dell'agroalimentare nel suo insieme perché, fortunatamente, la grande maggioranza delle aziende ci tengono a fare il loro dovere. Né voglio accusare questa o quella società in particolare. Molte vanno alla deriva perché vi sono indotte dalle leggi del mercato e della concorrenza e si lasciano andare a delle "soluzioni di comodo" che credono provvisorie.

Negli uffici e negli stabilimenti dell'agroalimentare, ci si imbatte come in qualsiasi altro ambiente in persone inacidite, che esercitano una professione che dà loro "da mangiare" ma che non hanno veramente scelto. Sballottate dai casi della vita, approdate lì, e in fondo rassegnate in mancanza di meglio, schiere di impiegati abbattuti contano le ore e i giorni che li separano dal prossimo weekend, dalle ferie estive su una spiaggia di sabbia fine o, per i più fortunati, da una meritata pensione, sinonimo di liberazione definitiva.

Non è assolutamente il mio caso. Io adoro il mio lavoro, il mio ufficio, i miei colleghi, e niente mi rilassa più di un giretto in uno dei nostri stabilimenti. Mi piace attraversare i reparti rumorosi dove si affaccendano gli operatori in tenuta da chirurgo, passeggiare nei vasti magazzini pieni fino a scoppiare di pallet di prodotti finiti perfettamente allineati, e sentire gli odori di spezie o di cioccolato che vi aleggiano.

Per quel che mi ricordo, ho sempre desiderato lavorare nel settore agroalimentare. Le avventure di Hänsel e Gretel e di Charlie con la sua fabbrica di cioccolato non sono certo estranee alla mia vocazione. Così, spinto da una golosità metafisica, ho ben presto scelto questa strada che, negli anni della giovinezza, speravo gloriosa e ingenuamente lastricata di dolciumi e pan pepato, o perlomeno di formaggio artigianale al latte crudo. DOC, beninteso.

La Francia non è forse la gastronomia del mondo? Non abbiamo la cucina migliore, i più grandi cuochi e, va da sé, la più favolosa industria agroalimentare dell'universo?

Da ragazzo, osservavo con ammirazione il lavoro di mio nonno, modesto viticoltore in Provenza, che mi iniziò alla coltivazione dell'uva e alla produzione del vino. Durante le vacanze, mio zio, un omino grassoccio con la faccia rubizza e i baffi arruffati (immaginate Stalin, ma in versione simpatica e buontempona), distillatore di vino lorenese, mi lasciava sorvegliare l'alambicco che trasformava il mosto di pere Williams e di susine Mirabella in gocce trasparenti. Ero affascinato dai loro strumenti, torchi, botti e alambicchi, e schiettamente ingannato dal loro sapere, da quella magia che trasformava un banale frutto in una limpida essenza, in un estratto di aromi e di forza.

A quattordici anni trascorrevo le vacanze scolastiche a raccogliere frutta nei frutteti di Provenza. A sedici, riempivo cassette per uno spedizioniere di frutta e verdura. A partire dai diciotto, mi pagavo gli studi controllando la qualità delle consegne di materie prime in un conservificio di verdure.

I miei studi? In campo alimentare, naturalmente. Diplomato nella miglior scuola per ingegneri agroalimentari di tutta la Francia, nientemeno. Posso prepararvi, a occhi chiusi e quasi con niente, del formaggio alle erbe aromatiche, dell'olio di vinaccioli, del pâté di fegato, o ancora burro, aceto, yogurt, pane, zucchero raffinato, minestre disidratate, zuppa di aragosta in scatola, latte UHT e molto ma molto altro. Basta chiedere.

Siccome la direzione di uno stabilimento non mi sembrava una posizione propizia alla mia realizzazione personale, ho preso un master in management e, dopo una serie di sei colloqui, vari test grafologici e pseudoscientifici, e molti salamelecchi, ho ottenuto un impiego di *trader* in una grossa società di trasformazione e di import-export... di prodotti alimentari, ovviamente.

Nel corso dei vent'anni passati in questo ambiente, ho comprato, venduto e fatto trasformare ogni genere di prodotto delle industrie agroalimentari. All'interno delle aziende successive ho salito con garbo i gradini fino ai consigli di amministrazione e guadagnato tanti bei quattrini, e probabilmente non avrei scritto nulla se non ci fosse stata quella penosa storia del cavallo che si credeva un manzo e che ha fatto tanto rumore. Perché, in effetti, la carne di cavallo è molto buona, molto sana. Perciò in questa faccenda cosa c'è di male? E perché poi fare tutta questa cagnara proprio adesso?

Sì, perché non è la prima volta (e sicuramente non sarà l'ultima) che si verifica questo tipo di imbroglio, e la volta precedente, all'epoca, non aveva suscitato altrettante reazioni. Vi ricordate di quando nel 2001 la rivista «Capital» aveva fatto analizzare dei ravioli Leader Price alla "carne di maiale e di manzo brasato"?

I risultati? I famosi ravioli non contenevano nessun dna né di maiale né di manzo, bensì brandelli di cartilagine, pezzi di ghiandole salivari e residui di tessuto renale provenienti da... carcasse di tacchino! Niente maiale e niente manzo, né brasato né bollito.

Come vedete, la storia si ripete. E, del resto, come poteva essere altrimenti, se dal 2001 a oggi le autorità non hanno mai messo in campo nessun controllo serio?

Questa faccenda del cavallo mi ha dato l'occasione per riflettere e valutare le cose con la necessaria obiettività. È stata l'elemento scatenante che mi ha portato a scrivere questo libro. L'enorme risonanza che ha avuto mostrava che l'atteggiamento dei consumatori si era evoluto, rispetto al 2001, e in maniera molto più rapida di quello dei professionisti (industriali e distributori) e delle autorità. Che ci fossero o no delle vittime, in fondo, poco importava: d'ora in poi i consumatori volevano sapere tutta la verità ed esigevano che venissero presi provvedimenti per garantire loro un'alimentazione sana e di qualità.

Così ho capito che eravate pronti per ascoltare le rivelazioni che avevo da farvi.

Sono sempre stato un dipendente fedele e obbediente delle società per cui ho lavorato. E, se ho commesso qualche errore – oggi le chiamano "colpe morali" –, credo comunque di essere alla fine meno colpevole degli ispettori sanitari che chiudono gli occhi a comando, delle associazioni dei consumatori troppo tenere e dei politici più inclini a soffocare uno scandalo che a prendere le misure necessarie per evitarlo.

L'ignoranza crassa del consumatore e un vago senso di nausea riguardo a certe pratiche malsane dell'industria e del commercio, molto più diffuse di quanto non si immagini, mi spingono ad alzare un lembo del velo che nasconde questi sporchi piccoli segreti. In questo modo, miei fortunati lettori, i prossimi scandali alimentari che immancabilmente si verificheranno non vi coglieranno più di sorpresa.

Benvenuti nel lato oscuro dell'industria agroalimentare. Ma tenetevi forte: non tutto profuma nelle cucine del diavolo.

2
Il pericolo giallo!

Non è certo mia intenzione stigmatizzare o additare questo o quel paese come il più grande truffatore del pianeta. Tuttavia, bisogna riconoscere che la corsa allo sviluppo, almeno per soddisfare i bisogni essenziali di una popolazione che per la maggior parte manca ancora di molte cose, oltre alla scoperta del profitto, ha fatto della Cina il paradiso della corruzione e del suo corollario, la frode. Gli esempi pullulano e il florilegio che segue è solo una minuscola porzione della parte emersa dell'iceberg. Le autorità di Pechino cercano di mettere ordine, ma gli ci vorrà parecchio tempo per riuscirci. E la globalizzazione ci impone di restare vigili.

Nel settembre 2008 scoppia in Cina l'enorme scandalo del latte contaminato con la melammina (o cianurammide), uno dei principali costituenti della fòrmica. Questa sostanza chimica tossica, ricca di azoto, è stata aggiunta fraudolentemente al latte per aumentare artificialmente il tasso di proteine, che in effetti di solito viene stimato misurando la quantità di azoto presente nel prodotto. In questo modo, i truffatori lo fanno apparire più ricco e di miglior qualità di quanto sia realmente.

Ora, l'ingestione della melammina provoca negli uomini e negli animali la formazione di calcoli responsabili di dolorosi problemi renali e urinari che possono arrivare, nei soggetti fragili come i bambini piccoli, all'insufficienza renale grave o addirittura alla necrosi dell'organo e alla morte del soggetto.

L'ampiezza della frode è tale che la maggior parte del latte di uso corrente in Cina, liquido o in polvere, è contaminata, così come i prodotti che ne contengono, come lo yogurt, il formaggio, il cioccolato, i biscotti e le caramelle mou.

Sfortunatamente il latte maternizzato non fa eccezione, e ovunque nel paese i bambini si ammalano: ufficialmente più di 300.000, 52.000 dei quali vengono ricoverati; i morti accertati sono almeno sei. Dal momento che la censura ci è andata giù pesante, il numero delle vittime è in realtà più elevato, e le cifre possono essere agevolmente raddoppiate.

In seguito all'inchiesta ufficiale, i consumatori cinesi scoprono con stupore che ventidue dei più grandi marchi agroalimentari del paese si dedicavano da anni a questa pratica. Le autorità direttamente implicate, per negligenza o per corruzione, vengono costrette a dimettersi e ci sono quarantadue arresti. Alla fine di dicembre del 2008, diciassette industriali finiscono sotto processo, e il 22 gennaio 2009 due di loro sono condannati a morte. Vengono giustiziati il 24 novembre 2009. Gli altri imputati sono condannati a pene detentive che vanno dai cinque anni all'ergastolo.

In un paese come la Cina, dove per arginare l'esplosione demografica il regime ha imposto ai suoi cittadini un unico figlio per coppia, i bambini sono particolarmente amati e protetti. Questo dramma ha traumatizzato l'intera popolazione.

Il latte in polvere maternizzato importato, divenuto improvvisamente un prodotto di lusso, è tuttora oggetto di un vasto contrabbando. Il 1° marzo 2013, Hong Kong è persino stata costretta a imporre delle quote agli acquirenti cinesi non residenti. Oggi per loro è proibito lasciare il paese con più di due barattoli a testa, pena una multa che può raggiungere l'equivalente di 50.000 euro e due anni di carcere.

Tutto ciò nonostante il fatto che, secondo le statistiche ufficiali delle dogane cinesi, le importazioni verso la Cina di latte in polvere per l'infanzia dall'Australia e dalla Nuova Zelanda si siano sestuplicate dopo la crisi.

La stessa cosa vale per il latte standard. La perdita totale di fiducia dei consumatori cinesi nel loro prodotto nazionale ha provocato una vera e propria esplosione delle importazioni. Così, nel periodo compreso tra il 2007 e il 2014, le importazioni di latte in forma liquida sono passate da 4.800 tonnellate a più di 300.000 tonnellate e quelle del latte in polvere da meno di 200.000 tonnellate a più di un milione di tonnellate.

Ormai i consumatori cinesi, sempre più informati soprattutto grazie ai social network, hanno perso fiducia nella loro produzione locale. Il governo, che si è impegnato a fare pulizia e ad assicurare la "sicurezza alimentare", ha fallito, screditato dagli scandali a ripetizione, di cui riassumo qui di seguito i più recenti.

– Aprile 2011: circa 300.000 panini "ingialliti" tramite l'aggiunta di una pittura tossica per simulare la presenza di granturco tra gli ingredienti sono stati smerciati nei supermercati di Shanghai. L'industriale disonesto non esitava a rimettere in vendita pane scaduto riconfezionato.

– Settembre 2011: il cosiddetto scandalo dell'"olio di scolo". Decine di arresti, che hanno avuto grande risalto sui media, per la vendita di olio da frittura adulterato. Acque unte e residui di oli e altri grassi usati venivano recuperati nei ristoranti, e persino negli scarichi, per essere riciclati come olio da tavola. È stato stimato che quest'olio rappresentava il 10% di tutto quello consumato nel paese.

– Novembre 2011: un centinaio di persone condannate, tra cui una alla pena capitale, per un vasto traffico di maiali trattati con clenbuterolo, un anabolizzante cancerogeno che ha anche gravi effetti cardiovascolari e neurologici.

– Maggio 2012: scoppia il caso degli orticoltori dello Shandong e dell'Hebei, nell'Est della Cina, che trattavano i loro cavoli con formolo, cancerogeno, per migliorarne la conservazione. Dopotutto, visto che funziona con i cadaveri…

– Marzo 2013: regione di Shanghai. In seguito allo smantellamento della "mafia del maiale", che smerciava come carne commestibile gli animali morti di malattia, più di 15.000 carcasse di maiale galleggianti vengono ritrovate nel fiume che attraversa Shanghai. Naturalmente le autorità assicurano che ciò non ha alcuna ripercussione sulla qualità dell'acqua, e non viene identificato nessun colpevole. Circolate, non c'è niente da vedere.

– Maggio 2013: nelle regioni dello Jiangsu e del Guizhou, rispettivamente Cina orientale e meridionale, carne di topo o di volpe viene venduta come manzo o pecora. Il ministero della Sanità annuncia che «904 sospetti sono stati arrestati» e che «più di 20.000 tonnellate di prodotti fraudolenti o di bassa qualità a base di carne» sono state sequestrate in 382 differenti aziende.

– Gennaio 2014: Walmart, la prima catena di supermercati nel mondo, ha dovuto ritirare dagli scaffali di alcuni dei suoi punti vendita cinesi la carne d'asino, molto consumata in Cina, perché conteneva carne di volpe. Già nell'ottobre 2011, il più alto responsabile di Walmart in Cina si era dimesso dopo un primo scandalo riguardante della carne di maiale a cui era stato falsamente attribuito il marchio di qualità "bio".

– Luglio 2014: uno stabilimento di Shanghai, filiale del gruppo americano OSI, che fabbricava *nuggets* di pollo, bistecche e polpette di manzo per McDonald's, KFC e altri grandi nomi del fast food, viene chiuso per aver riciclato carne scaduta mischiandola con carne fresca.

– Novembre 2014: scandalo detto del "tofu tossico". Un centinaio di tonnellate di tofu contenenti idrossimetansolfinato di sodio (un agente sbiancante cancerogeno vietato) sono state sequestrate nello Shandong, nello Henan e nello Jiangxi.

– Dicembre 2014: un'inchiesta della televisione pubblica CCTV sul commercio di carne di maiale avariata, contaminata da un non meglio precisato "virus contagiosissimo", porta all'arresto di dodici sospetti, alla destituzione di otto alti funzionari, alla distruzione di un macello illegale e alla chiusura di un secondo.

Già maltrattate dall'era comunista e dalla scomparsa di una certa élite intellettuale, l'etica e la morale cinesi hanno poi subito gli effetti del precipitoso passaggio all'economia di mercato: una corsa folle al successo materiale e all'arricchimento che è diventata uno sport nazionale dove troppo spesso il fine giustifica i mezzi, anche i più inconfessabili.

Alcuni industriali cinesi sono pronti a tutto pur di arricchirsi in fretta e, per il momento, la corruzione generalizzata, i controlli scadenti e una regolamentazione lassista non hanno permesso alle autorità di sradicare queste pratiche. Tutt'altro.

Ebbene, se pensate che tutto ciò sia molto triste per i consumatori cinesi ma che non vi riguardi, vi sbagliate di grosso.

Innumerevoli prodotti alimentari cinesi vengono esportati in tutto il mondo, compresa l'Europa. Quasi cinque miliardi di euro in prodotti alimentari cinesi sono stati importati in Europa nel solo 2013.

Già nella primavera del 2007, la melammina era stata individuata in grande quantità nel cibo per animali *made in China* commercializzato negli Stati Uniti. Questa frode aveva provocato la morte di più di 8.500 animali, essenzialmente cani e gatti.

Alla fine del 2008, in Francia, alte dosi di melammina vengono di nuovo trovate in 300 tonnellate di pani di soia importate dalla cooperativa Terrena ad Ancenis (Loira Atlantica) e vendute in undici dipartimenti.

Sempre alla fine del 2008, viene rinvenuta della melammina in diversi prodotti alimentari destinati agli esseri umani e preparati con latte contaminato. Innanzitutto in Germania, a Stoccarda, in alcuni negozi di dolci del marchio White Rabbit, ma anche in certi tipi di biscotti della marca Koala distribuiti in tutto il Belgio e in Francia.

E non è tutto. Per mancanza di mezzi ma soprattutto di reale volontà politica, nonché per il desiderio di non offendere questo partner così suscettibile, solo una piccolissima parte dei prodotti alimentari importati dalla Cina sono stati controllati per sapere se contenessero o no questa famigerata sostanza. Ma tenete presente che lo scandalo della melammina rappresenta soltanto un'infima parte delle frodi commesse in Cina. Avremo occasione di parlare più nel dettaglio di altri prodotti alimentari preparati in questo paese e importati in massa in Europa, prodotti che conosco bene perché io stesso ne ho acquistati per anni: centinaia di container e non so quante migliaia di tonnellate.

E questo fenomeno inquietante delle frodi cinesi non riguarda affatto soltanto i prodotti alimentari. Macché. Il 23 marzo 2015 la Commissione Europea ha diffuso un comunicato in cui si metteva in guardia i consumatori dell'Unione Europea contro i prodotti importati dalla Cina, che da soli rappresentano il 64% dei 2.435 prodotti pericolosi repertoriati dal sistema di allerta rapido RAPEX nel 2014. «Sono sorpresa dal numero di prodotti pericolosi provenienti dalla Cina» ha dichiarato la commissaria europea per la giustizia e la tutela dei consumatori, Věra Jourová. «La situazione non migliora» si è lamentata, sottolineando che il numero di prodotti pericolosi fabbricati in Cina segnalati nel 2014 era equivalente a quello del 2013.

Cara Věra, le do il benvenuto nel mondo reale. Certo che la siesta è stata lunga. Scoprire solo oggi la minaccia dei prodotti cinesi di cattiva qualità, quando tutti i professionisti che lavorano con la Cina lo sanno da venti o trent'anni...

Ma restiamo nell'ambito che ci interessa, quello delle frodi alimentari. Se, per quanto riguarda la loro ampiezza e le loro conseguenze estreme, la Cina è un caso a parte, bisogna comunque sapere che non ne detiene certo il monopolio. Peperoncino contenente un colorante tossico in

India, paprika ionizzata sudafricana, miele turco con zucchero industriale liquido… Gli esempi provenienti da paesi "esotici" non mancano.

Ma facciamo un po' di pulizia anche in casa nostra: lo scandalo alimentare che tutti abbiamo in mente oggi in Europa, dal 2013, è il "caso Findus": la carne di cavallo al posto del manzo nelle lasagne. Ci torneremo più avanti, ma una delle lezioni che possiamo trarre da questo scandalo è che non siamo al riparo neanche dalle frodi abilmente orchestrate da imprese di casa nostra. E queste imprese io le conosco a menadito.

3
Prendere in giro il... gonzumatore

L'Azienda aveva una mentalità particolare, con dei valori suoi propri, diversi da quelli che si imparano a scuola, e una visione tutta sua del Bene e del Male. Nel caso specifico, il Bene era tutto ciò che aumenta il profitto, il Male era perdere soldi. La menzogna, la dissimulazione, la malafede e persino la truffa, senza essere degli scopi in sé, erano positive, se miglioravano i risultati attesi. Il detto secondo cui «il fine giustifica i mezzi» non poteva essere meglio illustrato.

Conoscevamo perfettamente tutte le falle del sistema e cercavamo continuamente il modo di sfruttarle a nostro vantaggio. La versione industriale della famosa ottimizzazione fiscale. Mentivamo di continuo: ai nostri clienti, ovviamente, inventando per loro delle belle storie; ai fornitori, chiaramente; alle dogane e agli altri enti statali, a cui raccontavamo frottole tanto sulla qualità dei prodotti quanto sulla loro origine. Be', forse sto esagerando, perché le persone dell'ambiente non si lasciavano abbindolare del tutto e conoscevano bene quanto noi le sottigliezze del sistema.

E dovete sapere che in molti casi è fin troppo facile, perché la bugia è legalmente organizzata. Che lo vogliate o no, sarete spinti a oltrepassare la linea rossa.

Vi piacciono le lumache di Borgogna? E i porcini di Bordeaux? E la senape di Digione? E le erbe di Provenza?

Tutti questi prodotti li ho comprati e venduti per anni, li conosco molto bene. Quello che probabilmente il cliente non sa è che tutti questi buoni prodotti – che l'industria agroalimentare vende con la complicità dei supermercati dove fate la spesa nel weekend – non vengono dalla Borgogna o dalla Provenza, anzi per la maggior parte non sono nemmeno francesi. Il gioco consiste nel farlo credere, per ispirare fiducia e per vendere a un prezzo più alto un prodotto d'importazione in tal modo "naturalizzato".

Ho comprato intere navi cariche di semi di senape indiana, canadese o australiana per produrre migliaia di tonnellate di "senape di Digione" in Germania e in Olanda, cioè ben lungi dalla capitale dei duchi di Borgogna.

E le "erbe di Provenza" per le vostre grigliate? Di Provenza? Ma neanche per sogno! Il timo viene dal Marocco o dall'Albania, il basilico e la maggiorana dell'Egitto e il rosmarino dalla Tunisia. Perché mai? Ma è ovvio! Perché chiaramente sono molto meno cari dei loro equivalenti francesi.

Le lumache vengono dalla Borgogna? No, dalla Russia, dalla Lituania, dalla Polonia o da qualche altro paese dell'Est... Černobyl' e dintorni, avete presente? Altre specie commestibili provengono dalla Turchia e addirittura alcune, le più insipide e indigeste (la cosiddetta chiocciola africana gigante o *Achatina fulica*), che non hanno nemmeno diritto all'appellativo di "lumache", arrivano in blocchi congelati dall'Indonesia o da altre zone del Sudest asiatico.

Naturalmente la bestiola viene lavorata nel paese d'origine secondo i metodi locali, prima di arrivare nei vostri piatti o nel ristorante sotto casa. Sottigliezza estrema: è perfettamente legale etichettare la confezione con la dicitura "lumache di Borgogna lavorate in Francia", se l'ultimissima tappa – che consiste nel mettere un po' di burro erborinato nel guscio – viene eseguita in Francia.

Ricordo con emozione la mia prima visita in Turchia, a una fabbrica di trasformazione delle lumache. Era la fine dell'estate e la temperatura era torrida. Dopo un breve e gradevole viaggio a bordo di una nave traghetto partita da Istanbul, siamo penetrati nella periferia industriale della città portuale di Bandirma, un ammasso di edifici brutti e privi di interesse sul leggendario mar di Marmara.

Ho fiutato la fabbrica molto prima di vederla. In un vasto cortile di cemento erano allineate come immensi termitai decine di mucchi di gusci di lumaca vuoti, ciascuno alto più di tre metri. Miriadi di insetti svolazzanti attorno ai monticelli si affaccendavano ronzando incessantemente. Alla base dei mucchi, un denso succo nero coperto di mosche si spandeva in pozze dai bordi essiccati, screpolati, sul pavimento di cemento bollente. Respiravo con la bocca perché l'aria carica di odori putridi non mi arrivasse alle narici. Avvicinandomi un po' di più, notai che alcuni gusci contenevano ancora qualche frammento d'intestino di lumaca e delle graziosissime larve, di un bel bianco, che si contorcevano tutte.

In quel modo, i gusci venivano ripuliti naturalmente dal sole e dagli insetti. Quando non c'erano più residui solidi, si passava il tutto in un bagno di soda caustica, lo si risciacquava, e poi via verso lo stabilimento per la guarnitura. Buon appetito!

Oggi non mangio più lumache, né di Borgogna né di qualsiasi altro posto.

E i "porcini di Bordeaux"? Ovviamente, per la maggior parte arrivano dritti dritti dalla Cina, qualche volta anche dai paesi dell'Est e ogni tanto persino dal Sudafrica.

Fantastico, no? Come possono accadere simili miracoli?

Semplice: la legislazione europea ritiene che "lumaca di Borgogna", nome scientifico *Helix pomatia*, e "porcino di Bordeaux", *Boletus edulis*, non siano indicazioni di origine geografica, ma comuni designazioni di specie.

Perciò, quando importo stock di queste specie prodotti in condizioni igieniche che farebbero svenire un agente dei nostri servizi sanitari, opero nella più perfetta legalità. Certo, la qualità di queste merci è scadente sotto tutti i punti di vista, ma i nostri clienti, industriali e ipermercati, sono ben felici di poter proporre ai consumatori porcini di Bordeaux imbottiti di vermi cinesi allo stesso prezzo dei fagiolini.

Nel caso della "senape di Digione" o delle "erbe di Provenza", è la ricetta che conta. Gli ingredienti possono venire da qualsiasi posto, poco importa. Lo stesso vale per il "camembert" o per il "brie" che l'Australia esporta in quantità nel mondo intero, in Asia come in Russia passando per gli Stati Uniti.

È ovvio che "trasformato in Francia" non significa assolutamente "d'origine francese", per niente! Le realtà che si nascondono dietro queste formule ambigue sono molto diverse. Un pollo "Origine Francia", per esempio un pollo di Bresse, è una vera garanzia. È un prodotto di qualità, trattato nel rispetto delle norme sanitarie più severe. Ma produrlo è costoso e i consumatori sono piuttosto spilorci.

Nei nostri *cassoulet* in scatola "trasformati in Francia", le ali di pollo (in genere provenienti da vecchie galline giunte al termine della loro vita da ovaiole) vengono dal Brasile o dalla Thailandia, trasportate in salamoia (per evitare di pagare i dazi doganali sui prodotti in scatola) via nave.

Come vengono allevati questi polli? Cosa mangiano? Come vengono curati? A che età vengono macellati? Perché l'Europa autorizza l'importazione di carni provenienti da paesi che utilizzano antibiotici e altri stimolanti della crescita chimici proibiti in Europa? Noi dell'Azienda ce ne freghiamo: non mangiamo mai pollo in scatola.

Imbrogliare il consumatore è facilissimo, in più è legale! Mi spingerei persino a sostenere che si è istigati a farlo.

Bisogna dire però che anche il consumatore è un po' sprovveduto, per non dire completamente scemo, il che rende le cose ancora più facili. Basta presentargli – per esempio nel caso di un prodotto tipo crema spalmabile alle nocciole, che contiene essenzialmente olio e zucchero (obesità assicurata) – una pubblicità con un bicchiere di latte e delle nocciole, ingredienti minori, per fargli credere che il prodotto sia sano. Eppure tutto è chiaramente indicato sulla lista degli ingredienti. Le casalinghe non sanno forse leggere?

Con lo yogurt è la stessa cosa. Un vasetto con una forma e un colore sexy, un nome simpatico, un aroma, un po' di zucchero e voilà, vi fanno credere che state acquistando una pozione magica che rafforza le vostre difese naturali, fa crescere i capelli, assicura una pelle liscia e luminosa, rende intelligenti, regala fascino ecc.

La maggior parte dei consumatori manca di spirito critico e si lascia prendere in giro facilmente. Non è educata all'igiene alimentare di base e non ha veramente voglia di informarsi. Non sa leggere le liste degli ingredienti e non capisce niente dei valori energetici e nutrizionali. Troppo facile, ve l'ho detto!

E le associazioni di consumatori che dovrebbero vegliare su di voi, suonare il campanello d'allarme, denunciare, far sì che le cose migliorino? Bella domanda. Non ci hanno mai creato problemi. Evidentemente non cercano molto, trovano di rado e attaccano ancor meno. Tuttavia, per vostra informazione, sappiate che dai nostri vicini tedeschi funziona in maniera un po' diversa. Le loro associazioni di consumatori, per esempio Foodwatch, creata nel 2002, portano avanti delle vere e proprie azioni e sono molto più efficaci delle nostre nell'ottenere il ritiro di certi prodotti o nel far cambiare le cattive pratiche e persino la regolamentazione.

Lo ripeto, non bisogna credere che l'impresa per cui lavoravo fosse un caso raro e isolato. Alcune società non esitano a spingersi ancora oltre e giocano su un nome "nostrano" per adescare il cliente. Comprate le scarpe (*made in China*) del marchio "Calzature dello Stivale" o la frutta (cilena o sudafricana) dell'"Antico Pometo Italiano"? Benché i nomi evochino il vostro paese e la tradizione, non sono altro che prodotti importati di qualità molto inferiore.

Caso esemplare: un mattino, vedo sulla mia scrivania un catalogo della società X France. Questa società manda dei cataloghi di coltelleria ai comitati d'azienda. Siccome amo i coltelli di qualità, sfoglio la brochure con curiosità. Nel catalogo figurano ben in evidenza le diciture "maestria", "artigianato", "fatto a mano" e "X France" con un bel logo tricolore blu, bianco e rosso. Constato che i prezzi sono molto ragionevoli e che ci sono numerose promozioni. Ma, guardando le foto più da vicino, mi rendo ben presto conto che la qualità è palesemente molto al di sotto di una lavorazione artigianale francese come quelle di Laguiole o di Nogent. Osservo meticolosamente le informazioni riportate sul catalogo e non trovo nessuna indicazione di origine. Consulto internet in cerca di chiarimenti. Secondo voi dov'è la sottigliezza? Semplicemente vi rifilano dei coltelli cinesi di bassa qualità! L'indicazione della provenienza è "dimenticata", ma in compenso i colori della bandiera francese e le indicazioni valorizzanti no. Siete sconcertati?

Questione di punti di vista. Per quanto mi riguarda, direi piuttosto che è una maniera sottile di interpretare una legislazione vaga, elaborata da tecnocrati incompetenti sotto la pressione dei lobbisti dell'industria e della grande distribuzione.

Ma, in questo giochetto delle origini, a volte il limite viene allegramente superato. Come nel caso di quel produttore di funghi in scatola del Sudest della Francia che è stato condannato per aver scritto "prodotto francese" su scatoloni di funghi... cinesi al 100%.

Che idiota. Imbastire a casa sua un "procedimento industriale" anche minimo gli avrebbe permesso di dichiarare legalmente che i suoi funghi erano "trasformati in Francia". Per esempio gli sarebbe bastato svuotare gli scatoloni su un tavolo e subito dopo tornare a riempirli dicendo di aver fatto un "controllo visivo" o una "raccolta differenziata". Io ne so qualcosa. Anche noi avevamo la nostra propria linea di "raccolta differenziata".

Ciò mi porta del tutto naturalmente a descrivervi il lucroso mercato dei tartufi del Périgord di Cina sul quale la mia società ha imperversato per qualche anno.

Ancora prima del mio arrivo, l'Azienda aveva aperto

un ufficio acquisti in Cina per essere più vicina alle zone di produzione dei prodotti di m… ehm, dei prodotti economici.

Il filibustiere che gestiva l'ufficio mi aveva spedito una lista di nuovi prodotti che avremmo potuto commercializzare. Uno tra questi ha subito attirato l'attenzione del mio capo.

«Cazzo, tartufo a 30 euro al chilo! Dobbiamo assolutamente importarlo. Guadagneremo tanti di quei soldi da farci placcare in oro i coglioni!»

Per un breve attimo l'ho immaginato con i testicoli dorati, poi mi sono rituffato nel lavoro per scacciare dalla mente quella visione da incubo.

Trovare clienti per il tartufo nero a 30 euro al chilo – quando il prezzo del tartufo nero del Périgord, varietà *Tuber melanosporum*, può avvicinarsi ai 1.000 euro – è stato un gioco da ragazzi. L'unico piccolo problema è che il tartufo di Cina non è della stessa varietà. È il *Tuber indicum* (o *sinense* o *himalayense*, in realtà non l'abbiamo mai capito esattamente, e per dirla tutta non frega niente a nessuno).

Rispetto al tartufo nero europeo, la venatura della polpa e la superficie possono presentare delle leggere differenze che, a quanto pare, gli esperti sono capaci di individuare. Ma sono soprattutto le spore che consentono di identificarli senza ambiguità. Quindi i nostri clienti ci hanno naturalmente chiesto dei tartufi di Cina non ancora giunti a maturazione, vale a dire con le spore non ancora formate, dunque quasi impossibili da distinguere dai tartufi europei.

Così abbiamo importato dalla Cina decine di tonnellate di questi tartufi, piccoli e senza gusto, che vendevamo a dei commercianti francesi specializzati in tartufo, soprattutto nella zona di Carpentras.

Il prodotto era esplicitamente designato come tartufo di Cina, senza alcuna dissimulazione. Una cosa che, tenetelo presente, non era nelle nostre corde. Le fatture e gli altri documenti d'importazione erano conformi alla legge, l'origine e la varietà del prodotto figuravano in modo chiaro e incontrovertibile. Quindi i nostri clienti sapevano perfettamente cosa compravano.

Questi rivendevano poi i tartufi cinesi a certe loro società, chi in Spagna, chi in Lussemburgo, e "dimenticavano" – certo per distrazione – di indicare sui documenti, al passaggio della frontiera, l'origine cinese. L'ultima tappa consisteva nel riesportare verso la Francia questo tartufo nero diventato *melanosporum* e, da quel momento, originario della Spagna, dell'Italia o addirittura della Francia stessa, a seconda dei desideri dell'acquirente e dei prezzi di mercato. Vi lascio calcolare il margine di guadagno realizzato.

Questi tartufi senza sapore si ritrovano in ogni tipo di pâté e di fois gras nonché in molte altre preparazioni tartufate. Con una bella dose di aroma artificiale di tartufo risulta molto gradevole agli occhi e alle papille di chi non ne sa niente, cioè praticamente di tutti.

Quindi non è così strano che si trovi solo raramente la menzione "tartufo di Cina" sulle confezioni dei prodotti a base di tartufo. Viene da pensare che il tartufo cinese abbia una caratteristica peculiare tutta sua: quella di volatilizzarsi.

4
Occhio non vede, peso non duole

Un'impresa non è un servizio sociale dello stato. La sua finalità non è il benessere dei suoi dipendenti o la soddisfazione dei suoi clienti, ma il profitto, o il margine di guadagno. E per creare profitto, la ricetta non è molto complicata: basta comprare o produrre a un costo inferiore a quello di vendita. La differenza tra il costo di acquisto o di produzione e il prezzo di vendita è il margine: più è sostanzioso, meglio è. Se si capisce questo, non serve fare un master in management.

Sfortunatamente per i professionisti dell'agroalimentare, la tendenza attuale, da diversi anni a questa parte, non è al rialzo dei prezzi di vendita. I loro clienti, le centrali d'acquisto della grande distribuzione, si contano sulle dita di una sola mano e sono in posizione di quasi monopolio. Naturalmente ne approfittano e rifiutano sistematicamente qualsiasi aumento di prezzo dei loro fornitori, fosse anche perfettamente giustificato, per esempio dalla semplice inflazione, o dal rincaro del prezzo delle materie prime o dell'energia. I produttori di frutta e verdura del Sudest della Francia, o di maiale bretone, ne sanno qualcosa.

In compenso, la grande distribuzione (ipermercati e supermercati) non si fa scrupolo di gonfiare con discrezione i suoi già generosi margini di guadagno. Niente di più facile, dal momento che non esiste una vera concorrenza. Per ridurre i suoi costi d'acquisto, le basta spremere gli industriali, soprattutto i piccoli che non hanno i mezzi per difendersi. A questo scopo, i distributori hanno inventato ingegnosi sistemi di fatturazione di prestazioni fittizie (pubblicità, affitto di spazi...), in più gli infliggono tutta una serie di penali sotto i più futili pretesti (per esempio una consegna incompleta o in ritardo dopo che gli ordini sono stati stilati in modo irregolare e si sono stabiliti dei tempi e degli orari di ricezione volutamente troppo stretti), o ancora gli estorcono degli sconti fornitori[5] esorbitanti, pena l'eliminazione dei loro prodotti dai propri assortimenti.

Per quanto riguarda il prezzo di vendita, è ancora più facile. Poiché anche lì poche sigle si spartiscono la torta senza reale concorrenza, tanto vale attingere direttamente dalle tasche dei clienti "prigionieri" aumentando regolarmente i prezzi, tutti insieme, come un sol uomo, mentre beninteso si punta il dito contro quei cattivoni dei grandi industriali. Qualcuno si ricorda della campagna organizzata da quel distributore che aveva ritirato dai suoi scaffali i prodotti del marchio La vache qui rit e affisso nei suoi punti vendita dei manifesti che denunciavano gli "aumenti ingiustificati"? Ovviamente invitava i suoi affezionati clienti ad acquistare, invece di quelli, i sottoprodotti "equivalenti" della sua sottomarca. L'industriale poteva forse mettere anche lui dei manifesti nei supermercati per

5 Si tratta della cosiddetta *marge arrière* ("margine arretrato"), che la legge francese classifica pudicamente sotto la definizione di "altri vantaggi finanziari": è uno sconto imposto dal distributore al fornitore come contropartita della messa in risalto dei suoi prodotti nei negozi o sui volantini. Alla fine degli anni 2000 questi sconti erano dello 0,5%, mentre oggi si attestano tra il 12 e il 30%.

spiegare la situazione? Be'... no! Il supermercato informava forse i suoi clienti circa il margine che prendeva su La Vache qui rit...? Ehm... Nemmeno!

Dal momento che la realtà è quella che è, oggi un produttore non può aumentare i propri prezzi. L'unica soluzione che gli resta per sopravvivere è dunque di produrre a costi ancora più bassi. A questo scopo, l'abbassamento della qualità ha rappresentato in questi anni una possibilità ampiamente praticata; tuttavia anche questa soluzione ha i suoi limiti. Fortunatamente (per lui) l'industriale scaltro ha anche la possibilità di giocare sul peso netto dei suoi prodotti e di vendere meno conservando la stessa confezione e lo stesso prezzo, il che è in realtà una subdola forma di aumento.

Avete notato che negli ultimi anni i biscotti Prince hanno perso il 10% del loro peso? Dall'oggi al domani, il peso della confezione da 15 biscotti è passato da 330 a 300 grammi, mentre il prezzo non è cambiato. Eppure gli spot pubblicitari non ne fanno menzione. Strano, no?

Questa drastica dieta dimagrante è stata impietosamente applicata ai vasetti di dessert alla panna Danette nelle confezioni da 16 (ma, chissà perché, non a quelle da 4...), che ora pesano solo 115 grammi anziché 125; al barattolo di formaggio fresco Jockey, che è passato da un chilo a 850 grammi; alla confezione di *vinaigrette à l'ancienne* Amora, che adesso contiene 450 millilitri di prodotto invece dei 500 di prima; alle scatolette di tè in bustina, che sono passate da 25 a 20 bustine; al sacchetto di plastica dello zucchero in polvere, che contiene 750 grammi invece del chilo dei vecchi sacchetti di carta; alle tavolette di cioccolato da 150 grammi invece che da 200;

alle barrette al cioccolato più corte, alle fette di prosciutto sempre più sottili, ai pacchetti di riso striminziti e così via. E tutto ciò senza abbassare il prezzo di vendita all'unità. Anzi, a volte capita addirittura che aumenti.

Ma quello alimentare non è l'unico ambito interessato, come potete facilmente immaginare. Questo strano fenomeno di dimagrimento ha colpito anche i detersivi, i cosmetici e molte altre categorie merceologiche.

Nella mia Azienda, da veri professionisti responsabili, non abbiamo voluto restare tagliati fuori da questa tendenza: non sarebbe stata una mossa furba. Quando una tendenza generale è lanciata, presto o tardi – concorrenza *oblige* – non avrete altra scelta che seguirla.

Uno dei nostri stabilimenti, molto specializzato e all'avanguardia nel campo dell'automatizzazione, produceva bustine monodose di senape, maionese, ketchup e altre salse. Il che si traduceva, su base annua, in centinaia di milioni di bustine (di carta o di pellicola plastica stampata) e di coppette di plastica o di alluminio, ciascuna contenente qualche grammo di prodotto, di quelle che capita spesso di trovare nei ristoranti.

Uno dei nostri clienti più grossi, uno dei leader mondiali del fast food, minacciava di mollarci se non allineavamo i nostri prezzi a quelli di un concorrente belga, molto noto per la sua qualità scadente ma anche per le sue tariffe aggressive. La posta in gioco per noi era importante, perché diverse linee di produzione dello stabilimento funzionavano ventiquattro ore su ventiquattro esclusivamente per questo cliente. In quelle linee ultramoderne avevamo investito milioni, tutti pagati a credito. E, come sapete, Grecia a parte, un debito va saldato; il che sarebbe diventato impossibile se avessimo perduto quel mercato.

Le cose sono andate più o meno nel modo seguente.

IL DIRETTORE COMMERCIALE. Siamo arrivati a un punto di rottura con il committente di X. Se non abbassiamo il prezzo della senape monodose perdiamo tutto il mercato, e questo non possiamo permettercelo.

IL DIRETTORE DELLO STABILIMENTO. Cosa possiamo fare? Già in teoria dovremmo metterci della senape di Digione, nelle bustine, invece non è che lo rispettiamo proprio alla lettera, il capitolato d'appalto... Dovremmo chiamarla senape forte, e anche così...

IL VOSTRO UMILE SERVO. Compro già i semi di senape meno cari in circolazione, ho persino fatto arrivare dall'India due container di semi minuscoli e imputriditi. Non posso abbassare la qualità, è già la più bassa possibile. Lo stesso vale per l'aceto, come livello siamo rasoterra.

IL DIRETTORE COMMERCIALE. Pare che un belga abbia fatto un'offerta meno cara dell'8%.

TUTTI GLI ALTRI. Questi belgi!

IL DIRETTORE COMMERCIALE. E se diminuissimo la grammatura?

IL DIRETTORE DELLO STABILIMENTO. Siamo a 5 grammi, non è un gran peso! Di quanto vuoi scendere?

IL DIRETTORE COMMERCIALE. Abbastanza per guadagnare almeno l'8% del prezzo.

IL VOSTRO UMILE SERVO. Se il ribasso deve essere interamente assorbito dalla senape, allora bisogna diminuire la quantità almeno del 15 o del 20%. Ci ritroveremo con una bustina da 4 grammi.

IL DIRETTORE COMMERCIALE. Vada per i 4 grammi, ma

bisognerà regolare le macchine al millimetro e riuscire a consumare meno di 4 chili per 1.000 unità. Se arriviamo a 3,95 sarebbe meglio.

IL VOSTRO UMILE SERVO. Ma il cliente non dirà nulla se abbassiamo il peso del 20%?

IL DIRETTORE COMMERCIALE. Paga al pezzo e, se la gente chiede la senape con le patatine, gliene dà una bustina. Di quello che c'è dentro la bustina non gliene frega niente, vuole solo che gli costi meno al pezzo...

È stato così che siamo riusciti a conservare il nostro prezioso cliente. È vero che d'ora in poi, per avere una quantità ragionevole di prodotto, ci vorranno due o tre bustine di senape, o di ketchup, mentre prima ne bastava una. E siccome adesso sapete che queste bustine vengono vendute al pezzo, non faticherete a capire che, se i consumatori hanno bisogno di più pezzi per soddisfare lo stesso bisogno, per noi è un'ottima cosa.

Per le spezie in boccetta è stato un po' più complicato. Nel caso di un flacone di vetro o di un vasetto di plastica trasparente, il contenuto e il livello del prodotto si vedono. Se il vasetto non è abbastanza pieno fa una brutta impressione, il cliente si chiede dove sia finito il prodotto mancante e si sente ingannato.

Così abbiamo ridisegnato la boccetta per ridurre il suo volume interno del 10%. Il 10% sembra niente, ma, su milioni di unità vendute, si arriva molto in fretta a volumi e somme considerevoli.

Il denaro risparmiato diminuendo il peso genera automaticamente margine di guadagno, senza costose campagne pubblicitarie, senza che ci si rovini assumendo altri commerciali e senza dover pagare la grande distribuzione perché metta i vostri prodotti in una posizione migliore sui loro scaffali. È un margine netto, un utile diretto.

Certo, per il cliente è diverso. Se siete abituati a mangiare un vasetto di dessert alla panna a fine pasto, ora ne mangerete 115 grammi anziché 125. Lo stesso vale per i biscotti e le barrette al cioccolato: ne mangerete meno per lo stesso prezzo di prima. Gli ottimisti potranno rassicurarsi dicendosi che per la loro salute è molto meglio. Meno grassi, meno zucchero… Solo il conto sarà un po' più salato.

5
Una tempesta in un bicchier di latte!

La Francia è *il* paese dei formaggi. Non si dice forse che possiamo mangiarne uno diverso per ogni giorno dell'anno? Sfortunatamente è sempre meno vero, perché i prodotti tradizionali e di qualità tendono a scomparire, rimpiazzati sugli scaffali dei supermercati da prodotti industriali insipidi e standardizzati.

Oggi soltanto il 5% dei camembert venduti sono al latte crudo, tutti gli altri sono fabbricati con latte termizzato, sterilizzato, inseminato artificialmente. Non si può dire che siano cattivi, sono solo senza carattere né finezza. I consumatori medi consumano prodotti medi. Molti non hanno mai avuto la fortuna di gustare un vero livarot di fattoria avvolto in fasce di giunco naturale, un sublime banon affinato in un involucro di foglie di castagno, o un langres aranciato al latte crudo leggermente concavo alla sommità, segno caratteristico di una buona stagionatura.

Con la perdita del gusto, non bisogna sorprendersi se noi industriali, con i nostri complici della grande distribuzione, ci mettiamo a vendere qualsiasi cosa dandole il bel nome di "formaggio". Sappiate che non usiamo più del vero formaggio nelle nostre preparazioni, anche se c'è scritto sulle confezioni: è troppo caro.

E allora come si fa?

Semplicissimo! Basta fabbricare un "formaggio" ricostituito che contiene un po' – il meno possibile – di formaggio con una denominazione d'origine. L'obiettivo è conservare il nome valorizzante del formaggio sostituendolo al massimo grado con ingredienti meno cari. E l'ingrediente migliore, da questo punto di vista, è... suspense... l'acqua. Eh sì, non abbiamo ancora trovato niente di più economico della buona vecchia acqua del rubinetto.

Per esempio, e anche questa è esperienza vissuta, per una salsa al bleu d'Auvergne prendete un po' – il meno possibile – di bleu d'Auvergne e lo mescolate con acqua, formaggio industriale all'ingrosso di basso livello, burro, proteine del latte, panna, latte in polvere, polifosfati e ortofosfati di sodio, citrato di sodio e acido citrico. Fate fondere l'insieme, rimestate bene e otterrete uno splendido "formaggio fuso" contenente del bleu d'Auvergne che figurerà in buona posizione nella lista degli ingredienti. In più, avrete diritto alla magnifica foto di una generosa fetta di bleu d'Auvergne sulla confezione.

Siccome il termine "formaggio fuso" è una designazione ufficiale regolamentata, sfortunatamente non si può fare proprio qualunque cosa. Per esempio, ci vuole il 40% minimo di materia secca (ciò che resta una volta che si è tolta tutta l'acqua dal prodotto), il che limita considerevolmente la quantità di acqua che gli si può aggiungere.

Allora, per abbassare ancora di più il costo, si ha la possibilità di passare nella categoria delle "specialità casearie" contenenti del bleu d'Auvergne. È sempre regolamentata, ma in modo molto più flessibile. Si può dividere per due la percentuale di materie secche e quindi aggiungere ancora più acqua, sottoprodotti del latte e altri ingredienti economici come zucchero o spezie.

Se è ancora troppo caro, si può infine fare a meno della denominazione ufficiale o molto semplicemente inventarne una. Noi abbiamo sviluppato del "fondente di formaggio". Ammetterete che è maledettamente azzeccato! Non è "formaggio fuso" né una "specialità casearia", quindi si può fare quello che si vuole e dargli il nome grazioso che preferiamo.

Sono i "fondenti" di questo tipo che ritrovate grattugiati sulle pizze, sui piatti gratinati o nelle salse industriali. E, credetemi, potete davvero trovare, senza cercare molto, piatti gratinati al cantal senza cantal, tortellini gratinati al groviera senza groviera...

Se già per i professionisti è molto complicato districarsi in questa faccenda delle denominazioni e distinguere chiaramente la differenza tra "fondenti", "specialità casearie", "creme di formaggio" e altri "formaggi fusi", non fatico a immaginare come debbano sentirsi smarriti i clienti.

Inutile piangere sul latte "vessato", dirà qualcuno. Tuttavia, bisogna avere ben presente che i formaggi fusi servono essenzialmente a valorizzare formaggi industriali insipidi e di cattiva qualità, merce invenduta e partite difettose. È una poltiglia dalla composizione incerta e imbottita di additivi come per esempio i sali di fusione, riguardo ai quali gli industriali vi giureranno che sono del tutto inoffensivi, omettendo di segnalare che la legislazione limita il loro utilizzo. E, che siano autorizzati o meno, pensate che mandar giù polifosfati, ortofosfati e altri citrati sia una cosa sana? Che sia naturale?

I francesi sono giustamente orgogliosi che il pasto gastronomico alla francese sia oggi inserito dall'UNESCO nella lista rappresentativa del patrimonio culturale immateriale dell'umanità. Ebbene, questo riconoscimento deve molto alla nostra lunga tradizione casearia, all'eccellenza dei nostri prodotti lattieri artigianali. Un prodotto nobile come un formaggio DOC, che fa parte del nostro patrimonio comune, dovrebbe essere meglio conosciuto, protetto e valorizzato. Dovremmo tutti estasiarci davanti a questi prodotti d'eccezione, alla loro varietà, alla loro ricchezza aromatica. Dovremmo promuoverli e sforzarci di consumarli, anche se sono un po' più cari delle schifezze industriali, perché il piacere che procurano è ineguagliabile.

6
Il mio amico Additivo

Uno dei reparti più importanti di ogni impresa alimentare che si rispetti è il cosiddetto R&S, "Ricerca e Sviluppo" per i non iniziati. All'interno dell'Azienda, questo reparto impiega decine di ingegneri, aromatieri e tecnici in laboratori superattrezzati.

Questo forse stupirà la maggior parte dei consumatori che pensano sia sufficiente avere una buona ricetta per produrre deliziosi biscotti o bei piattini preparati in modo "tradizionale". Qualcuno immagina persino che nei nostri stabilimenti lavorino degli chef come accadrebbe in un ristorante di quartiere, soltanto su una scala più vasta e con ingredienti di prima scelta. Ricredetevi subito: nulla di tutto ciò esiste. In uno stabilimento agroalimentare ci sono solo operai concentrati sulle loro macchine e qualche dirigente imbronciato. Nessun cuoco col cappello bianco, nessuna lattaia alla Vermeer in grembiule e cuffietta, né lattivendole o chiunque possiate immaginare sotto l'influsso di pubblicità fantasmagoriche. A ogni modo, in un caseificio il latte o gli yogurt non si vedono neanche. Tutto avviene in tinozze chiuse o in tubi d'acciaio inox.

Fabbricare un prodotto alimentare è prima di tutto una questione di tecnologia, un processo industriale come un altro. Abbiamo bisogno di ingegneri e di tecnici, come in una raffineria o in una centrale elettrica. Non è stato un cuoco a mettere a punto la macchina a ultrasuoni che monta due tonnellate di maionese in un minuto e mezzo, il surgelatore ad azoto liquido che sputa fuori una pizza surgelata al secondo, il saturatore a salamoia sotto pressione che raddoppia il peso dei prosciutti, l'evaporatore sotto vuoto a triplice effetto e altre meraviglie che fanno progredire l'umanità.

Ma il reparto R&S non lavora solo sulla fase relativa al processo: si interessa anche al cuore del prodotto, alla ricetta. E anche qui possono verificarsi dei bei miracoli quotidiani. A permettere simili prodezze è l'utilizzo massiccio di additivi, la versione moderna delle polverine magiche. Oggi in Francia quelli autorizzati sono più di trecento: ce n'è per il colore o per il sapore, per la buona conservazione, per addensare, per abbassare le calorie, per evitare che un cibo schiumi o diventi appiccicoso, perché luccichi, crocchi o sia bello gonfio, e per molte altre funzionalità. Nel vostro supermercato non esiste praticamente alcun prodotto alimentare che non ne contenga almeno uno, se non addirittura un intero, sapiente cocktail di additivi di ogni tipo. E, anche quando nell'elenco degli ingredienti non trovate additivi (le famose "E-qualcosa"), non crediate che non ci sia nulla da aggiungere: se ne può sempre buttare dentro qualcuno con discrezione, senza dire niente ai consumatori, e per di più del tutto legalmente. Sono i famosi "coadiuvanti tecnologici", una categoria di additivi che può non figurare sulla lista degli ingredienti!

Dunque qual è la differenza tra "additivi alimentari" e "coadiuvanti tecnologici"? Perché nella regolamentazione esistono queste due categorie distinte? È molto semplice: ciò che le differenzia è unicamente il dosaggio. La quantità rimanente nel prodotto finito è molto più consistente per un additivo alimentare che per un coadiuvante tecnologico. Tutto qui.

Le definizioni ufficiali sono molto simili. Infatti, quella di coadiuvante tecnologico è la seguente: «Ogni sostanza che non viene consumata come ingrediente alimentare in sé, che è volontariamente utilizzata nella trasformazione di materie prime, prodotti alimentari o loro ingredienti per rispettare un determinato obiettivo tecnologico in fase di lavorazione o trasformazione che può dar luogo alla presenza, non intenzionale ma tecnicamente inevitabile, di residui di tale sostanza o di suoi derivati nel prodotto finito, a condizione che questi residui non costituiscano un rischio per la salute e non abbiano effetti tecnologici sul prodotto finito».

Ci sono due cose che personalmente trovo "divertenti" in questa definizione. La prima è che si riconosce senza nessuna ambiguità che queste sostanze non sono alimenti, ma se ne autorizza comunque la presenza negli alimenti. In poche parole, non sono commestibili ma potete mandarle giù.

La seconda cosa, ancora più scioccante, è che si è del tutto consapevoli che la presenza di residui nel prodotto finito è "tecnicamente inevitabile", ma nulla obbliga il produttore a informarne il consumatore, anche se alcune sostanze sono riconosciute come cancerogene (nitriti negli insaccati, benzopirene nei prodotti affumicati), neurotossiche (solventi organici, come per esempio l'esano, utilizzati per l'estrazione di certi oli e aromi) o allergizzanti (solfiti).

Certo, si prende la precauzione di affermare che «questi residui non presentano rischi per la salute». Quindi dovete sentirvi perfettamente rassicurati, no?

E fate bene! Prendiamo il caso emblematico dei coloranti "azoici" (molecole a doppio legame azoto-azoto), un esempio perfetto di additivi chimici. Essi presentano numerosi vantaggi: stabilità chimica (ph e temperatura), intensità di colore e lunga conservazione. In confronto a un colorante naturale, i coloranti azoici sono cinque volte più vivaci e molto più economici (sì, ancora una questione di soldi). Ebbene, prima del 10 luglio 2010 queste molecole «non presentavano rischi per la salute», mentre a partire da quella data i produttori che le utilizzano devono indicare sulla confezione: «Può influire negativamente sull'attività e l'attenzione dei bambini». Ecco una sostanza – largamente utilizzata nell'industria dolciaria, nelle bevande e in un sacco di altri prodotti alimentari – che "diventa" pericolosa dall'oggi al domani. E notate la forza delle nostre certezze scientifiche in materia: «Può influire negativamente».

Prima di tutto: *su cosa* influiscono negativamente? Ah, sull'attività e l'attenzione! E cosa vuol dire? Si rischia di addormentarsi, di svenire, un collasso, il coma? O al contrario di diventare iperattivi, idioti, sognatori, distratti? E per quanto tempo? Dopo averne ingurgitato quale dose?

E solo i bambini? Allora, suppongo che non ci siano problemi per le donne incinte e per le persone cagionevoli e anziane, giusto? E, quanto ai bambini, fino a che età è pericoloso? Nessun problema per gli adolescenti?

Trovo che l'indicazione «un consumo eccessivo può avere effetti lassativi», usata per gli edulcoranti del tipo polioli[6], sia più esplicita. Sebbene... Sempre questa prudenza, quel "può avere" così rassicurante.

Sappiate anche che un additivo può essere autorizzato in Francia e vietato negli Stati Uniti o in qualsiasi altro posto del pianeta e viceversa, e che non esiste armonizzazione a livello europeo per i coadiuvanti tecnologici. Vedete bene che l'innocuità di queste sostanze non è facile da stabilire e che la lista delle sostanze autorizzate e i dosaggi consentiti cambiano costantemente a seconda dei nuovi studi o delle pressioni delle varie lobby.

Certi additivi sono come il maquillage. Hanno un'azione superficiale sul prodotto in quanto agiscono sull'estetica nel senso più ampio, senza modificarne la struttura. È il caso tipico dei coloranti che vengono aggiunti al concentrato di pomodoro marrone per restituirgli un rosso appetitoso, o all'acqua per farla sembrare succo d'arancia.

I coloranti sono dappertutto. Alcuni sono "naturali", come la polvere di barbabietola, la cocciniglia e gli estratti di certe piante, altri sono pure e semplici invenzioni della chimica moderna. Esiste anche una via di mezzo: è il caso dei prodotti naturali che subiscono un trattamento chimico, come il caramello solfito-caustico (E150b), ammoniacale (E150c) e solfito-ammoniacale (E150d).

Quello che bisogna sottolineare, riguardo ai coloranti, è che non apportano niente di positivo al consumatore. Al contrario. Il loro ruolo è di mascherare i difetti o di rendere bello un prodotto di qualità scadente. Se ne potrebbe perfettamente fare a meno senza che l'umanità ab-

6 I polioli, chiamati anche polialcoli, sono una famiglia di edulcoranti "leggeri". Fabbricati industrialmente, esistono anche allo stato naturale in piccola quantità in certi vegetali. Entrano anche nella fabbricazione di poliesteri e altri poliuretani.

bia minimamente a soffrirne. In più, una buona parte di essi è nota per avere effetti allergizzanti, irritanti e perfino, per quanto concerne i più chimici, potenzialmente cancerogeni e mutageni. Per non riparlare dei coloranti azoici, che adesso conoscete bene.

Gli additivi preferiti del mio reparto R&S sono quelli che trasformano il prodotto in maniera radicale. Qui non siamo più nell'ambito della cosmetica, ma entriamo nel campo della chirurgia. Non si cerca più solamente di migliorare le qualità sensoriali, ma di ottenere maggior profitto aumentando il peso del prodotto. E adesso sapete che, per farlo, basta aggiungere degli ingredienti economici e soprattutto più acqua possibile.

Ora, come certo sospetterete, l'acqua rende il prodotto liquido, privo di consistenza. Ma niente panico, in questo caso si usano degli addensanti come la gelatina, l'amido, il guar, la carruba o lo xantano, degli emulsionanti e degli stabilizzatori.

Lo yogurt è troppo caro? Nessun problema, si aggiunge un po' d'acqua, gelatina e amidi modificati. Non si dice più "yogurt" ma "preparato lattiero". In ogni caso, il consumatore non ci capisce niente, e poi basta rifilargli un bel nome genuino e scriverlo in grande sulla confezione.

Tuttavia, non crediate che la nostra vita di industriali dell'agroalimentare sia facile: quando si mette troppa acqua, il prodotto si conserva meno bene. Ma, anche in quel caso è tutto a posto, c'è una soluzione: i solfiti. Antimicotici (impediscono la proliferazione dei funghi e altre putrefazioni), inibitori del lievito, ecco la base del conservante perfetto. Be', sì, è vero, può far ammalare gli individui sensibili, ma non si può far la frittata senza rompere le uova... per quanto.

E poi, a seconda dei prodotti, si possono anche utilizzare, in perfetta legalità, l'acido benzoico, i benzoati, le anidridi solforose, i derivati del fenolo, i formiati, i nitrati, l'acido etanoico, i lattati, i propionati, gli ascorbati, l'acido fumarico... Dopo aver aggiunto acqua, additivi testurizzanti e altri conservanti, e dopo aver elaborato il colore con l'aiuto di un colorante adeguato, non resta che perfezionare il sapore con l'aroma adatto.

Ah, gli aromi! Già solo loro sono un universo intero. Ne esistono di tutti i tipi: aroma di ketchup, di maionese o di pollo arrosto, aromi di frutta, di formaggi, di manzo bollito o arrosto, di brodo di verdure... Esistono persino aromi semplicissimi come "pane" o "burro". E non solo. Non c'è limite. Ci sono innanzitutto degli estratti naturali ottenuti a partire da differenti parti di piante aromatiche, come l'estratto di vaniglia ottenuto a partire dal baccello di vaniglia. Ma ci sono anche molecole inizialmente naturali che sono state poi modificate chimicamente, come le proteine vegetali idrolizzate con l'acido che danno un vago sapore di carne. E ci sono molecole di sintesi che assomigliano, almeno nella loro formula chimica, alle molecole naturali: è il caso della vanillina di sintesi, definita "identica a quella naturale". Infine ci sono sostanze totalmente artificiali, senza alcun rapporto con qualsivoglia sostanza naturale, frutto degli immensi progressi della chimica moderna, come l'etilvanillina, che è tre volte più forte della vaniglia naturale.

Una piccola parentesi per divertirvi, anche questa tratta dalla mia esperienza personale. Si potrebbe pensare che gli estratti naturali siano da privilegiare, ed è quello che credevo anch'io fino al giorno in cui:

«Vieni con me in sala riunioni!» esclamò un mattino il mio boss fiondandosi in sala pausa come un diavolo a molla saltato fuori dalla scatola e facendomi rovesciare metà del caffè.

«O... Ok...»

Non avevo fatto in tempo a rispondergli che se n'era già andato, facendomi dubitare per un attimo della realtà della sua intrusione.

«Dovresti andarci subito» mi fece notare il mio collega Dany (di cui riparleremo più tardi). «Non ti preoccupare, lo asciugo io il caffè sul pavimento.»

Siccome potevo contare sulle dita di una mano le volte in cui il capo aveva interrotto la mia pausa caffè con Dany, sapevo che era una cosa seria. Partii a passo di corsa col mio bicchierino semivuoto e lo raggiunsi in sala riunioni. Eravamo soli.

«Abbiamo un problema con il tè biologico al limone!» esordì senza preamboli.

Ripassai mentalmente gli errori che potevo aver commesso con quel prodotto e... no, niente... a meno che...

«Il commerciante all'ingrosso mi vende tè bio di Ceylon,» mi lanciai «e siccome è meno caro di tutti gli altri venditori del 20%, noi lo sappiamo bene che non è veramente tè di Ceylon, ma nessun altro può saperlo e...»

«Non è questo il problema» mi interruppe con lo sguardo immerso in un foglio di analisi posato davanti a lui, su cui vedevo dei cromatogrammi (risultati di analisi chimiche molto precise sotto forma di grafici). «Hanno trovato dell'imazalil, del tiabendazolo, del pirimetanil e del carbendazim negli ultimi lotti fabbricati. Abbiamo 50.000 scatole di bustine che sono un problema.»

«Analisi di clienti?»

«No, fortunatamente per il momento sono interne, e le quantità sono basse. Dovrebbe farcela, ma voglio sapere da dove vengono questi c... di pesticidi. In teoria dovremmo fare roba biologica!»

«Non capisco... Le analisi che ci ha fatto avere il fornitore sono buone e abbiamo fatto alcune controanalisi che si sono rivelate altrettanto buone. Non abbiamo trovato pesticidi nel tè. Davvero non capisco.»

«Non possono mica essere caduti dal cielo!» si spazientì lui. «In quelle bustine ci sono solo il tè e l'aroma... Hai qualche analisi o garanzia sui pesticidi, riguardo ai tuoi aromi?»

Ovvio che non ne avevamo. Come avrei potuto sospettare che gli estratti naturali di agrumi che compravo fossero pieni di pesticidi? Beninteso, il produttore di quegli aromi, che ne era per forza al corrente, si era guardato bene dal dirmelo.

Gli aromi naturali sono prodotti per la maggior parte tramite tecniche di spremitura (pressione meccanica come nel caso dei miei agrumi), di distillazione o di estrazione tramite solvente, che concentrano gli inquinanti insieme alle molecole aromatiche. Così, dei normalissimi limoni hanno ottime probabilità di produrre un estratto di limone perfettamente "naturale" ma guastato da pesticidi, fungicidi e altre molecole per il trattamento delle colture.

L'ideale, lo avrete capito, sarebbe di usare gli estratti naturali di frutti biologici che subiscono il minimo trattamento chimico; ma è già un'impresa trovarli. E, anche quando ci si riesce, il loro prezzo è proibitivo.

In conclusione, dopo aver smerciato le nostre 50.000 scatole come se niente fosse, abbiamo chiesto al nostro fornitore di consegnarci, per i prodotti biologici, aromi con livelli di pesticidi inferiori alle soglie usuali di rilevazione (quantità minima che le attrezzature di analisi possono individuare).

Questi aromi li trovate nella gran maggioranza dei prodotti alimentari di bassa gamma. La maggior parte dei clienti comprano senza farsi troppe domande, verosimilmente dicendosi che si tratta di un male minore: danno sapore e non sono cari.

Chissà, può ben darsi che tutti quanti ci trovino qualcosa di vantaggioso e che io mi stia preoccupando per niente.

7
C'è odore di bruciato nel regno dei salami

Se nell'industria agroalimentare esistesse una palma della manipolazione, il vincitore sarebbe senz'ombra di dubbio un industriale dei salumi. Gli industriali dei salumi sono dei maghi, dei veri maestri nell'arte di trasformare semplici lucciole in splendide lanterne.

La prima volta che ho discusso con un industriale del salume, ero alla ricerca di un prodotto assolutamente banale: delle fette di prosciutto. Me ne servivano in grande quantità per un nuovo prodotto.

La nostra conversazione telefonica si è svolta più o meno così.

«Buongiorno, ho bisogno di prosciutto per dei croque-monsieur.»

«Ha contattato il posto giusto! Vuole del prosciutto o della spalla?»

«Be', non saprei, il reparto R&S non me l'ha detto. Qual è la differenza?»

«La spalla è meno cara ma non è prosciutto, che è più caro.»

«Quindi, in questo caso, avrei interesse ad acquistare della spalla.»

«Veda lei, perché in quel caso non può scrivere "prosciutto" sulla confezione.»

«Allora prosciutto, non spalla.»
«Lo vuole di qualità superiore, di prima qualità o standard?»
«Il meno caro!»
«Allora standard. E di quali dimensioni le serve?»
«Mi servono delle fette da dieci centimetri per dieci.»
«Nessun problema, posso farle dei blocchi da dieci centimetri per un metro di lunghezza.»
«Ah sì?»
Mi sono chiesto che razza di maiale potesse mai avere delle cosce lunghe un metro.
«E a che gusto?» mi ha domandato.
«In che senso "a che gusto"?»
«Be', suppongo che vogliate un aroma. Si mette sempre un aroma. Lo standard senza aroma è scipito. Abbiamo degli aromi al prosciutto semplice, al prosciutto brasato, al prosciutto affumicato, agli odori, alle erbe fresche, alla paprika, al pepe...»
Quando ho riattaccato mi sono chiesto che aspetto avesse la fabbrica del mio contatto. Quando l'ho visitata non sono rimasto deluso e non resisto al piacere di raccontarvelo.
Sono scene emozionanti.

Nel processo-prosciutto, grandi casse di plastica piene di prosciutti arrivano direttamente dal mattatoio. La taglia di questi prosciutti freschi mi ha stupito. Erano relativamente piccoli, se paragonati a quelli che avevo visto facendo la spesa al supermercato come tutti.
La prima tappa consiste per l'appunto nel fargli guadagnare peso. Per questa seduta di pompaggio accelerato, vengono iniettate sotto pressione, per via intramu-

scolare tramite grossi aghi, delle soluzioni contenenti vari additivi:

– polifosfati, proteine di sangue, e gelificanti per trattenere l'acqua;

– zucchero, glutammati, aromi e fumo liquido per il sapore;

– ascorbato di sodio e sali nitritati per la conservazione.

Ogni industriale ha sviluppato i suoi propri cocktail della casa. La sua arte e la sua abilità sono tutte lì. Dopo questo trattamento d'urto, posso assicurarvi che i prosciutti quasi raddoppiano di volume.

Poi i prosciutti vengono sistematicamente scotennati (tolgono la pelle) e il grasso viene rimosso. Resta solo il muscolo.

A questo punto vengono messi dentro gli stampi per essere cotti. Poi viene loro aggiunto uno strato regolare del grasso che era stato tolto in precedenza, e gli si rimette sopra la cotenna.

È per questo motivo che le fette di prosciutto che acquistate nel vostro supermercato preferito hanno sempre uno strato di grasso perfettamente omogeneo su tutta la lunghezza: non troppo spesso, non troppo sottile. Se lo lasciassero così com'è, avreste delle fette con tre centimetri di grasso da una parte e quasi niente dall'altro. Nessuno le vorrebbe.

Tuttavia, ciò che ho appena descritto vale per i prosciutti di lusso, non per il mio prosciutto di un metro di lunghezza e dieci centimetri di lato. I prosciutti industriali di bassa gamma destinati a croque-monsieur, cordon bleu o pizze surgelate subiscono un altro trattamento: la zangola! I prosciutti vengono disossati, scotennati e sgrassati. Quello che resta, il muscolo, viene messo in una zangola industriale (una grande betoniera in acciaio inox). I muscoli vengono impastati a lungo in un bagno di additivi, finché non si ottiene una specie di pasta. A questo punto, non vi resta altro da fare che colare quel miscuglio dentro gli stampi (nel mio caso, da un metro per dieci), e *hop!* in forno. Infine, queste barre di carne vanno ad alimentare delle affettatrici automatiche che le tagliano a un ritmo di più di sessanta fette al minuto. La tecnologia è una bella cosa.

Una piccola parentesi per accennare brevemente all'"affumicatura" industriale. Sappiate soltanto che la maggior parte delle porcherie industriali dette "affumicate" non vengono appese a un chiodo conficcato sopra un camino in cui crepita un fuoco di legna. No, no. Oggi l'"affumicatura" si fa di solito con quello che viene chiamato "fumo liquido". È un aroma che assomiglia al catrame. Lo si diluisce e si inietta la mistura così ottenuta nel prodotto: prosciutto, bacon, pancetta, salsiccia... È rapido, facile ed economico. Niente impianti complicati, legna da comprare e da immagazzinare, nessun rischio di incendio, nessun bisogno di personale qualificato. La felicità. Ora avete capito, è questo che chiamano vendere fumo.

Per il piacere di farlo, avevo calcolato che nel mio croque-monsieur, tra il prosciutto, il formaggio fuso, il pane e altri ingredienti secondari, quasi un 5% di peso lo dovevo agli additivi!

Immaginate la dose di additivi che ingurgita il consumatore del mio croque-monsieur se lo abbina a un bicchiere di bibita light di una grande marca internazionale presente in tutti i nostri supermercati (acido citrico, solfato di magnesio, lattato di calcio, sorbato di potassio, gomma arabica, esteri glicerici della resina di legno, acesulfame, sucralosio e luteina), carote grattugiate di una marca nazionale che sa di campagna (acido citrico, metabisolfito di potassio, gomma di guar, gomma di xantano, gomma di tara, sorbato di potassio) e a uno yogurt alla frutta della marca di un distributore (amido modificato, pectina, luteina, citrato di sodio, sorbato di potassio e fosfato bicalcico).

Il mio consiglio: se avete qualche risparmio, investite in azioni di ditte produttrici di compresse contro il bruciore di stomaco, le allergie o il cancro. Qualcosa mi dice che hanno un grande futuro.

8
Le confezioni pericolose

Capita assai spesso di ricevere i cosiddetti "resi" dai nostri cari clienti della grande distribuzione. A volte in quantità tali, e con i pretesti più strambi, che si finisce per non farvi più attenzione. Conosciamo per esperienza la percentuale di resi di questa o quella società; le differenze, rispetto alle concorrenti, sono minime. Rassicuratevi: i costi stimati sono semplicemente integrati nei nostri prezzi.

Che le vendite siano un po' meno buone per via della crisi, per colpa del meteo o per qualsiasi altro motivo, oppure che il supermercato abbia toppato le sue previsioni al punto di ordinare troppa roba, potete essere certi che ci arriveranno dei resi per "pallet in cattivo stato", "imballaggi schiacciati", "consegna in ritardo di cinque minuti", "documenti imprecisi", eccetera eccetera.

A volte riceviamo persino dei resi senza nessuna spiegazione, ma del resto nessuno, a parte forse la Coca Cola o la Nestlé, osa mettere in discussione l'onnipotenza della grande distribuzione, perché quella può fare a meno di voi, mentre non è vero il contrario.

Perciò un reso giunto con una motivazione sensata costituisce un avvenimento notevole.

«DistriBoh ci ha rimandato venti pallet di confezioni di lenticchie!»

In ufficio nessuno ha alzato la testa per una notizia così banale, e l'esclamazione di Brigitte, la nostra responsabile della qualità, si è persa nel baccano delle conversazioni telefoniche.

«Hanno trovato dell'olio minerale nelle lenticchie!» ha aggiunto a voce più bassa piantandosi davanti alla mia scrivania.

"To', una volta tanto una motivazione che non mi sembra penosa" mi dico guardandola.

Non si può dire che ci intendiamo alla grande, io e Brigitte. In realtà, nessuno nella mia Azienda la apprezza, per il semplice motivo che ha l'ingrato ruolo di freno e barriera. È il gendarme che imbriglia la nostra creatività. Tuttavia, il suo è un ruolo fondamentale, difficile e pericoloso per lei. Infatti, essendo incaricata di ottenere le analisi conformi che coprono le nostre attività e di aiutarci a capire gli intrallazzi e i trucchetti dei nostri fornitori e dei nostri concorrenti, si trova davvero in prima linea. Siccome noi siamo sempre *borderline*, Brigitte sarà puntualmente la prima, in quanto responsabile della qualità, a subire le conseguenze di un eventuale scandalo e a farsi rampognare da uno dei nostri clienti o da qualche ente statale. Lei lo sa benissimo, e questo la rende astiosa, il che certamente non favorisce il dialogo con i colleghi.

«Proprio non capisco cosa stai dicendo. Le mie lenticchie sono perfette, hai convalidato tu stessa i bollettini d'analisi.»

Sbam!

Abituata al suo ruolo di bersaglio e assuefatta alla nostra ostilità nei suoi confronti, ha incassato il colpo senza battere ciglio.

«Non viene dalle lenticchie.»
«Vuoi dire che il cliente si è sbagliato?»
«No, abbiamo controllato ed effettivamente c'è dell'olio minerale nelle lenticchie.»
Ho riflettuto un istante.
«Allora probabilmente si tratta di un inquinamento accidentale in fase di confezionamento. Ma se c'è una perdita d'olio da una macchina non vedo perché la cosa dovrebbe riguardare me.»
«Non viene neanche dalle macchine… e la cosa ti riguarda direttamente.»
Ora mi stava innervosendo. Sapevo che lo faceva apposta. Per una volta che i ruoli erano invertiti, provava un piacere maligno nello stuzzicarmi.
«Va bene, hai vinto, qual è il problema, cosa ho fatto?»
«Le confezioni!»
«In che senso le confezioni? Nelle nostre confezioni c'è dell'olio minerale? Da dove viene? Un incidente?»
«No, non è un incidente. Non hai comprato delle confezioni in cartone riciclato?»
«Be', sì, è il mio lato ecologista.»
In realtà non è affatto così: è un argomento di facciata. La verità è che costa semplicemente di meno. Non oserei mai proporre ai nostri capi di spendere di più per dei prodotti ecologici. Mica voglio finire lapidato.
«Ecco, appunto, il tuo cartone riciclato è stato fatto in parte con imballaggi, vecchi fogli di carta, giornali ecc., che contenevano vernici, inchiostri e altre molecole chimiche non alimentari che sono migrate nel prodotto.»
«Ok, è possibile, ma non deve essercene molto. Le lenticchie sono un prodotto secco, non deve esserci una gran migrazione di quei cosi.»

Brigitte mi ha guardato con aria cattiva, come se dubitasse della mia buona fede e come se io fossi uno di quelli che tendono sempre a minimizzare i rischi per la salute pubblica.

«Quei "cosi", come li chiami tu, sono idrocarburi di oli minerali. Sono cancerogeni e genotossici. Queste molecole si accumulano nei tessuti umani, soprattutto nel fegato, e ti preparano gentilmente un cancro che verrà pronto nel giro di qualche anno.»

«Ok, ho capito. Allora cosa facciamo?»

«È impossibile garantire l'assenza di oli minerali e di un mucchio di altri inquinanti nel cartone riciclato. Per i prodotti secchi a contatto diretto col cartone della confezione come queste lenticchie, ma anche per i fagioli, i ceci e il cuscus, d'ora in poi dovrai comprare soltanto imballaggi di cartone vergine. È l'unico modo per essere sicuri che le nostre confezioni non siano contaminate, che non inquineranno il contenuto e che non avveleneranno i consumatori...»

«Ok, bene, ne parlerò alla direzione...»

A essere sinceri, non ho mai avuto il via libera della direzione per acquistare imballaggi di cartone vergine. Questo cartone costa almeno il 20% in più del suo equivalente riciclato e, quando abbiamo chiesto ai nostri clienti se fossero disposti a pagare un po' di più in cambio della garanzia di non avere più oli minerali negli alimenti, la loro risposta è stata inequivocabile: «Neanche per sogno». DistriBoh si è ripreso i suoi pallet, tutti quanti si sono girati dall'altra parte e fine della storia.

È il motivo per cui ancora oggi nel vostro supermercato preferito trovate pacchi di riso, pasta, corn flakes, lenticchie e altri legumi secchi in confezioni di cartone riciclato a diretto contatto con il prodotto.

Riconoscere il cartone riciclato è facile. Guardate all'interno della confezione. Se il cartone è bruno o bianco, resistente e omogeneo, allora è fatto con fibre vergini. Se è grigio (a causa degli inchiostri residui), si strappa facilmente (le fibre sono state spezzate durante il processo di riciclo) e guardandolo da vicino vi sembra eterogeneo (vi si vedono minuscoli frammenti di plastica e di fibre varie), allora non c'è dubbio: siete sicuramente in presenza di idrocarburi di oli minerali cancerogeni.

Ora che lo sapete, fate come volete.

9
Ridipingere la vita in rosa

Quando si ha un prodotto da vendere, soprattutto se è di qualità mediocre o addirittura scadente e la concorrenza infuria, la cosa migliore è curare la sua presentazione: la confezione. Questo è il lavoro del marketing, gli specialisti delle apparenze, i campioni della cosmetica e del *relooking* del prodotto.

Il proverbio dice che l'abito non fa il monaco, ed è certamente vero, ma voi non potete immaginare il tempo che si passa e il denaro che si spende per far credere il contrario.

Ho assistito a un numero incalcolabile di riunioni di marketing commerciale, tutte senza esclusione una più surreale dell'altra.

«Questo tè verde non sembra abbastanza di qualità, non invoglia.»

A fare questo bilancio senza appello, con la faccia contratta in una smorfia, è Julian, il direttore del marketing. Archetipo del radical chic, individuo disilluso e condiscendente, con un'inflessione strascicata, quasi appiccicosa, è sinceramente convinto che l'umanità non sarebbe mai uscita dal Medioevo senza i lumi salvifici del marketing.

Naturalmente, quando decreta che il nostro tè verde

non sembra di buona qualità, non sta parlando del prodotto in se stesso, ma della scatola di cartone che lo contiene. Il suo lavoro consiste nell'occuparsi di ciò che il cliente vede sugli scaffali, non del prodotto contenuto nella confezione. Di quello se ne sbatte. Del resto, non si è mai preso la briga di assaggiare il nostro tè, e non ha la minima idea della sua qualità.

«Bisogna» prosegue «che al primo sguardo Tizio si dica: "Questo tè è il migliore". Dev'essere una cosa immediata, evidente.»

«Va bene, ok, Julian, tutto questo è molto bello,» interviene il direttore commerciale «ma tu ci hai già fatto mettere un'illustrazione carina, un bel po' di dorature, un cartone più spesso e una patina brillante. Adesso la scatola costa più del tè che c'è dentro!»

«E allora? Nessuno ci capisce niente di tè verde, è la confezione che deve orientare l'acquisto verso il nostro marchio piuttosto che verso quello dei nostri concorrenti. La regola numero uno del marketing è che tutti credono a quello che è segnato sull'etichetta, o sulla scatola, come nel nostro caso. Quindi bisogna rendere la nostra confezione abbastanza convincente, attraente, piena di promesse, per invogliare il cliente a sceglierla.»

«Però non è che ci possiamo scrivere sopra qualsiasi cosa!» obietto io.

«Ma certo che sì! Bisogna semplicemente farlo con intelligenza, con finezza, scegliere bene le parole e le illustrazioni. Devono essere positive e permetterci di dirottare l'attenzione del consumatore dove vogliamo noi.»

«Non ci capisco niente» sbuffa il direttore commerciale.

«Eppure è semplicissimo» sbotta Julian, irritato, in un

tono sgradevolmente acuto. «Se voglio vendere una crema spalmabile piena di zucchero e olio come devo fare?»

«...»

«Uffa! La girerò in positivo parlando della ricchezza energetica del prodotto, invece di nasconderla. Dirò che il mio prodotto permette ai bambini di avere tutta l'energia di cui hanno bisogno per le loro spossanti giornate scolastiche. Oppure metterò in evidenza gli ingredienti minori positivi, "le buone nocciole per pensare bene" e "il buon latte per le sue ossa". Afferrate il principio?»

«Sì, d'accordo,» ribatte il direttore commerciale «ma nel caso del nostro prodotto stiamo parlando di semplice tè.»

«Ma è perfetto! Semplice tè... Possiamo scrivere "100% naturale", "senza additivi aggiunti", "qualità garantita", "pieno campo"... abbiamo un mucchio di possibilità. Guardate i Chupa Chups, i lecca lecca. Sono solo zucchero colorato e aromatizzato, e sono stati capaci di scrivere "0% di materie grasse" sulle confezioni.»

«È una presa per il culo» mi lascio scappare.

«È marketing, e tecnicamente è corretto» si indigna Julian. «Non si mente, semplicemente si mettono in luce i vantaggi del prodotto per il consumatore. Il messaggio deve essere positivo, valorizzante per il prodotto, in breve deve far vendere, ed è quello che vogliamo, no?»

«Io parteggio per la "qualità garantita",» interviene il direttore commerciale «ma forse è un po' troppo leggero.»

«La domanda che dobbiamo porci è: come fa l'azienda leader a emergere sul mercato e a diventare la numero uno?» riprende l'esperto del marketing.

«Be', per questo tipo di tè» risponde il direttore commerciale «il leader ha una buona reputazione e una buona qualità, anche se non è migliore della nostra. I clienti lo chiamano il "cinque stelle", perché ci sono cinque stelle dorate stampate in alto sulla scatola.»

Julian resta per un breve istante silenzioso. Poi, come parlando con se stesso, aggiunge: «Cinque stelle… Quindi i clienti inconsciamente collegano queste stelle alla qualità del prodotto. Più stelle ci sono, migliore deve essere il prodotto, un po' come per gli alberghi. Un due stelle è meno buono di uno che ne ha tre, e perché un albergo sia di lusso ci vogliono cinque stelle… o di più».

È stato così che, molto semplicemente, abbiamo stampato sei stelle dorate sulla nostra confezione di tè verde: una in più del prodotto leader. Se questa non era la prova che eravamo migliori…

Per reazione, il concorrente con cinque stelle ne ha aggiunte due. Tanto che, per una sorta di escalation, le confezioni si sono presto ritrovate a ostentare ricami di stelline dorate su tutti i lati della scatola, a decine. Il tè all'interno, invece, non è mai cambiato: né il nostro né quello dei nostri colleghi. Un prodotto mediocre, ricco di pesticidi, in una confezione dorata, brillante… e stellata.

Da noi, nessuna donna partecipava alle riunioni marketing, anche quando era evidente che un punto di vista femminile sarebbe stato utile. Perché, con l'eccezione di alcune linee di produzione ad alto ritmo, dove è necessario un minuzioso lavoro manuale e nessun facchinaggio, l'agroalimentare è un ambiente piuttosto maschile. E questo è ancora più vero quando si sale nella gerarchia. Le donne sono rare tra i quadri e rarissime tra i dirigenti.

«Le nostre vendite di prodotti per i dolci calano negli ipermercati» si lamenta il direttore commerciale.

«È normale» intervengo io. «Sono anni che non facciamo innovazione, non lanciamo nuovi prodotti, non facciamo animazione nei punti vendita.»

«Può darsi, ma non sarà la comparsa di un nuovo prodotto che si aggiunge a una gamma che ne conta già ottanta o una nuova confezione per il lievito chimico a stimolare le vendite» ribatte lui. «Abbiamo bisogno di un *relooking* totale del nostro assortimento. Qualcosa di più moderno, che attiri lo sguardo. Cosa ne pensi, Julian?»

«Sono totalmente d'accordo» esclama il direttore del marketing, estasiato perché ancora una volta si fa appello alla sua nobile e preziosa arte. «Bisogna fare un'operazione in grande. Stiamo parlando di una gamma di prodotti destinati alle donne. Quindi ci vuole un messaggio che parli direttamente alle donne, dobbiamo femminilizzare la nostra offerta. Dobbiamo porci questa domanda: "Cosa piace alle donne?".»

«Le commedie romantiche, le *boy band* e altre stronzate di questo tipo» ironizza il direttore commerciale.

«Ok, buttiamo giù le nostre idee su un foglietto» riprende Julian con un pennarello in mano... «Le donne sono romantiche, amano truccarsi, i gioielli, i profumi... Che altro?»

A questo punto i suggerimenti cominciano a piovere da tutte le parti.

«I merletti!»

«Tom Cruise e Leonardo di Carpaccio!»

«Il rosa!»

«Il colore rosa, sì, ottima osservazione» riprende Julian pensieroso. «Perché non fare una gamma di prodotti rosa, come per lo zucchero di non mi ricordo più che marchio?»

«Ma sì, è un colore poco usato in ambito alimentare, potremo distinguerci» approva il direttore commerciale.

Nonostante il consenso quasi generale, l'idea mi sembra semplicistica e non riesco a farmela piacere: «Stiamo partendo dal presupposto che se è rosa le donne lo compreranno per forza... Non è un po' riduttivo?».

«Per niente» si indigna Julian. «Una delle regole fondamentali del marketing è che *l'idea che ci si fa del prodotto è più importante del prodotto stesso.* Dobbiamo fare un focus sul messaggio positivo che vogliamo far passare. Scegliere il linguaggio giusto, le illustrazioni, il colore, ecc. Nespresso non vende caffè, ma un'esperienza; la Ferrari non vende automobili, ma un sogno; Danone non vende yogurt, ma prodotti lattieri buoni per il vostro corpo; Apple non vende telefoni, ma innovazione; Lacoste non vende polo, ma uno stile di vita elegante e rilassato, e così via. Non dobbiamo semplicemente proporre alle nostre clienti delle bustine di lievito e dei baccelli di vaniglia, questo lo sanno fare tutti, ma proporgli una vera e propria cosmesi pasticcera, la moda trasposta sul piano culinario.»

«Allora cambiamo solo il colore e nient'altro? Nessun nuovo campionario, nessuna miglioria tecnica, nessuna promozione? Perché non chiedere direttamente l'opinione di qualche cliente o delle nostre dipendenti?»

«Non serve» si arrabbia Julian, irritato che qualcuno possa dubitare anche solo per un attimo del suo genio creativo e del suo acume psicologico. «Quando vedranno il rosa ci si butteranno sopra, sono condizionate fin dalla prima infanzia. Di psicologia me ne intendo e posso assicurarti che non bisogna sottovalutare quanto sia forte la persistenza dell'educazione.»

Ed è ciò che abbiamo fatto. Bustine di lievito rosa, candeline di compleanno in blister rosa, preparati per brownies in astucci di cartone rosa: un'intera gamma di prodotti per la pasticceria di colore rosa fluorescente... che non si è venduta meglio della precedente. Valle a capire, le donne!

Il marketing si sforza di assicurare la coerenza prodotto-imballaggio utilizzando certi "codici" più o meno affidabili. Una confezione rosa indica un prodotto per le donne; le gocce d'acqua stampate su un sacchetto di plastica vanno bene per un prodotto fresco; i barattoli di vetro si usano per le conserve di alta gamma; la doratura è destinata a un prodotto d'eccezione; il nero vuol dire premium, il verde vuol dire naturale...

Per la nostra gamma di prodotti biologici, le normali confezioni di plastica non sembravano abbastanza naturali. Così abbiamo fatto ricorso alle soluzioni "pseudonaturali" offerte dai produttori di imballaggi.

Abbiamo cominciato con delle plastiche oxo-biodegradabili, "oxo-bio" per gli amici. Sono plastiche non realmente biodegradabili bensì "frammentabili" e generalmente a base di polimeri sintetici. Alla plastica vengono semplicemente aggiunti degli additivi chimici che consentono di programmarne la frammentazione, liberando così nell'ambiente una moltitudine di scagliette di plastica che come risultato finale produrranno le cosiddette "microplastiche", minuscole particelle che non hanno nulla di ecologico. Queste polveri di plastica, anche se sono diventate ormai invisibili, inquinano l'ambiente e si ritrovano in tutta la catena alimentare.

Nel numero dell'ottobre 2014, la rivista «60 Millions

de consommateurs» ha pubblicato i risultati di uno studio che rivelava la presenza in grande quantità di queste microplastiche nei vasetti di miele. Su dodici campioni – dieci di mieli convenzionali e due biologici – comprati nei supermercati francesi, il 100% risultava inquinato, sebbene in quantità minori per i mieli francesi e bio. Le quantità rintracciate andavano da 74 a 265 particelle per chilo di miele. Sta a voi calcolare quante ne ingerite insieme ai vostri bambini ogni mattina a colazione con il miele che spalmate sulle fette di pane.

E non si trovano solo nel miele, ma anche nel pesce, in tutti i molluschi, nelle ostriche e negli altri mitili, e persino nei comunissimi pacchetti di zucchero in polvere. In realtà, è l'insieme dei prodotti alimentari a contenerne in quantità più o meno grandi.

Difficile riuscire a evitarle, davvero. Senza generalizzare oltre misura, è evidente che tutti noi ingeriamo ogni anno qualche migliaio di questi microframmenti di plastica. Con quali conseguenze per la salute? Nessuno lo sa, ma è certo che mandare giù, anno dopo anno, questi cocktail di plastica contenenti bisfenolo A, ftalati e ritardanti di fiamma polibromurati non deve avere un impatto granché positivo.

La carta e il cartone sembrano naturali, soprattutto se sono di un bel colore marroncino. Sono riciclabili, ma non resistono all'acqua, si lacerano, non si saldano, non fanno da barriera all'ossigeno, insomma in molti casi sono inutilizzabili.

Alcuni produttori di imballaggi hanno dunque spalmato il cartoncino con un sottile strato di plastica trasparente. Ciò rende la carta impermeabile pur lasciandola ben visibile e riconoscibile. Questa carta spalmata viene poi incollata su un foglio di plastica classica per darle rigidità e saldabilità. Il risultato è una confezione composita che sembra naturale ma che è del tutto impossibile riciclare, perché i materiali che la compongono non sono più separabili. Il colmo, quando si sa che la carta e la plastica da sole si riciclano perfettamente.

Come gli uomini politici, gli imballaggi mantengono raramente le loro promesse. Diffidate dei *packaging* sfarzosi, dei nomi inventati ad hoc, delle formule che non vogliono dire niente, dei colori chiassosi, delle immagini appetitose, dei materiali falsamente naturali o falsamente artigianali. Tutte queste cose non sono altro che polvere negli occhi. Solo il prodotto conta.

10
Indovina l'età!

La maggior parte dei miei amici, che hanno poca familiarità con l'universo spietato dell'agroalimentare, non sanno distinguere tra la data di scadenza (vale a dire la data limite di consumo) e il termine minimo di conservazione (TMC). Eppure, per il consumatore è una nozione di primaria importanza.

Cosa sono, dunque, questi periodi di grazia, e come vengono fissati?

La data limite di consumo, solitamente indicata dopo la dicitura "da consumarsi entro...", indica un limite temporale relativamente ravvicinato oltre il quale può essere pericoloso consumare il prodotto. È il caso di tutti gli alimenti che vanno obbligatoriamente conservati al fresco, come i latticini e le carni crude. Questi prodotti sono molto delicati perché contengono naturalmente tutta una serie di microrganismi (batteri, lieviti e funghi) e costituiscono un ambiente molto favorevole al loro sviluppo. Non hanno subìto trattamenti (o li hanno subiti in minima parte) che permettono di eliminare questi germi o di impedirne la crescita. La conservazione al freddo (sotto i 4 gradi Celsius) permette soltanto di rallentare la loro inesorabile proliferazione, e il rischio di intossicazione alimentare, se si consumano questi prodotti oltre la data di scadenza, è concreto.

Questa data limite di consumo è fissata dal produttore, tranne nel caso particolare del latte crudo, per il quale è regolata da una normativa precisa. Con una data di scadenza fissata a regola d'arte, teoricamente il consumatore non ha nulla da temere fino alla data fatidica... a condizione che la catena del freddo sia stata scrupolosamente rispettata. Il che non è scontato, visto che, com'è noto, per carenza di personale e di celle frigorifere, molti negozi – in particolare gli *hard discount* – lasciano che i prodotti si scaldino troppo a lungo sulle banchine di scarico e nei magazzini mal isolati.

Nonché, beninteso, a condizione che i prodotti non siano stati rietichettati per dargli uno o due giorni di vita supplementare: questa pratica illegale, che in Francia viene chiamata *remballe* ("reimballaggio"), è ancora molto diffusa ai giorni nostri.

Il termine minimo di conservazione è tutt'altra cosa. Introdotto dalla dicitura "da consumarsi preferibilmente entro...", indica la scadenza oltre la quale il prodotto semplicemente perde le sue "qualità specifiche", senza per questo diventare pericoloso da consumare. Apprezzate la precisione del testo: "perdere le qualità specifiche" può significare meno sapore o meno vitamine, perdita di colore, modificazione della consistenza, cambiamento di odore...

I prodotti coinvolti sono quelli che si possono conservare a lungo, per parecchi mesi o persino per anni, senza rischio di avvelenamento. I microrganismi sono stati tutti eliminati (sterilizzazione termica come la UHT, cioè l'ultrapastorizzazione a temperatura ultra-alta, ionizzazione), o non vi trovano le condizioni propizie al loro sviluppo.

È il caso, per esempio, dei biscotti secchi, delle paste secche, dei legumi secchi, della confetteria, delle salamoie... Insomma, di tutto ciò che non contiene abbastanza umidità, dei prodotti con conservanti come alcol e di quelli acidi (aceti e sottaceti)... È anche il caso dei prodotti che hanno subìto un trattamento di stabilizzazione tramite il freddo (i surgelati).

È all'industriale, in qualità di specialista del prodotto, che spetta l'insigne onore di stabilire il termine minimo di conservazione. Per fare ciò, in teoria deve effettuare un test di invecchiamento: a temperatura ambiente se ha il tempo, o in un forno di essiccazione (uno spazio chiuso riscaldato) per accelerare i fenomeni di deterioramento. Durante questo test, osserva attentamente le modificazioni del prodotto e verifica dopo quanto tempo perde le sue "qualità specifiche".

Come potete immaginare, è un'arte sottile e raffinata determinare se un prodotto si sia "sensibilmente" deteriorato per quanto riguarda questo o quel parametro dopo due mesi soltanto, o dopo sei, o dodici, o più ancora...

Tanto più che, per semplificare le cose, generalmente i distributori fanno pressione affinché l'industriale allunghi al massimo i suoi minimi di conservazione allo scopo di avere più tempo a disposizione per rifilarvi il prodotto senza rischiare che scada mentre è ancora sugli scaffali o a fine scorta. E succede troppo spesso che l'allungamento di certi TMC venga spinto oltre il ragionevole.

Anzi, è esattamente ciò che avviene per la maggioranza dei prodotti. Per esempio, nel caso della nostra paprika in polvere, abbiamo fatto i test più rigorosi, dai quali è emerso che il parametro essenziale, il colore rosso tipico di questa spezia, è delicato e si deteriora sensibilmente in soli sei mesi. Da un bel rosso, eravamo passati a un rosso mattone che tendeva al marrone. Anche il sapore era cambiato: era più scialbo, ed era comparsa una leggera nota di olio ossidato.

A rigor di logica, si sarebbe dovuto fissare il termine minimo di conservazione al massimo a sei mesi dalla data di fabbricazione, dal momento che la spezia aveva perso il suo colore, caratteristica essenziale del prodotto.

Tuttavia, siccome dalle nostre parti questo prodotto viene consumato solo in maniera molto occasionale, le boccette di vetro della paprika possono restare in giacenza piuttosto a lungo, e gli ipermercati hanno rifiutato categoricamente un TMC così breve. Abbiamo fatto il giro dei negozi della città per controllare cosa indicavano i nostri concorrenti su prodotti e confezioni simili. Senza farsi scrupoli, tutti quanti indicavano un termine minimo di conservazione di due anni!

Se avessimo indicato sei mesi, chiaramente non l'avremmo mai venduta. Quindi abbiamo fatto come tutti gli altri. Buon appetito a chi consumerà una paprika vecchia di due anni, ufficialmente buona per il consumo ma dal colore sbiadito e, nel migliore dei casi, senza il minimo sapore.

La gara ad allungare i termini minimi di conservazione si pratica su moltissimi prodotti. Gli scaffali sono pieni di prodotti dal TMC ampiamente gonfiato su imposizione dei clienti e che noi industriali sappiamo benissimo essere troppo lungo. Ma nessuno ci trova nulla da ridire, non è pericoloso e in genere si riesce a vendere i prodotti ben prima che raggiungano la data fatidica.

Ciononostante, nel fare la spesa, di tanto in tanto certamente vi imbatterete in una paprika più bruna che rossa, in un tè aromatizzato scipito, in una maionese dal retrogusto rancido, in una senape un po' ossidata, in un cioccolato un po' impallidito… Eppure tutti questi prodotti sono ben lontani dall'aver raggiunto il loro termine minimo di conservazione.

Ma il peggio deve ancora arrivare!

Può succedere che un prodotto superi il TMC, anche se generosamente lungo, o che gli si avvicini troppo perché si riesca a venderlo. È la catastrofe totale. Non c'è alcuna soluzione possibile, perché bisognerebbe rietichettare o fare la *remballe* – il che, oltre a essere vietato, è particolarmente complesso.

Spezza davvero il cuore dover buttare dei prodotti che si potrebbero vendere senza pericolo per il consumatore se solo quella maledetta data venisse semplicemente spostata in là di qualche settimana o di qualche mese.

Perciò, per i nostri prodotti confezionati in vasetti di vetro o plastica, abbiamo trovato il trucco: stampare il termine minimo di conservazione sul tappo!

Qual è il vantaggio di stampare il TMC sul tappo invece che sul vasetto?

Be', è molto più facile ed economico – sebbene altrettanto vietato – sostituire un semplice tappo che non l'intero vasetto con tanto di etichetta incollata sopra. Sono sufficienti dei tappi nuovi di zecca e qualche lavoratore interinale con un bel senso della discrezione in fondo allo stabilimento: in poche ore, migliaia di vasetti riacquisteranno la loro giovinezza.

Pratiche marginali?

Informatevi e scoprirete che, ogni anno, decine di esercizi commerciali, ristoranti e fabbriche si fanno bacchettare dalle autorità statali di controllo per aver venduto prodotti scaduti. E stiamo parlando di superamento sia del termine minimo di conservazione sia della data di scadenza.

Ma, come sempre, solo un'infima minoranza di frodi viene scoperta e sanzionata.

Il mio consiglio per evitare i problemi, che possono andare dalla semplice delusione (se il prodotto ha superato il termine minimo di conservazione) alla diarrea grave (se a essere superata è la data di scadenza), è questo: scegliete prodotti dalle scadenze il più possibile lontane. Personalmente, non compro mai un alimento che abbia superato i due terzi della sua durata di vita.

Detto questo, se gli involtini di salmone con salsa di panna al limone in offerta giunti ufficialmente alla vigilia della data di scadenza vi tentano, vedete voi.

11
A brigante, brigante e mezzo

C'è una parola che usciva di continuo dalla bocca dei miei capi, e che avrebbe potuto da sola riassumere perfettamente i nostri obiettivi e l'etica dell'Azienda, quasi la sua ragion d'essere. Il mio capoufficio la sputava fuori tra una bestemmia e l'altra per stimolare la squadra, ma non faceva altro che ripetere a pappagallo gli sproloqui dei suoi capi, quelli che viaggiavano a bordo di grosse berline tedesche immatricolate in Svizzera (per non pagare la tassa sulle macchine aziendali) e parcheggiate il più vicino possibile alla porta d'ingresso per risparmiare le suole delle loro Weston. Non facciamo durare più a lungo la suspense, questa parola magica era: "furbo".

Bisogna essere "furbi".

Siate più "furbi".

Si ha un certo volume di vendite e un certo fatturato perché si è i più "furbi".

Personalmente, prima di arrivare nell'Azienda, non me ne fregava niente di essere "furbo". Trovavo che andasse più che bene essere onesto, lavoratore, colto, ambizioso, insomma tutte queste cose. Ma mi hanno subito fatto capire che "furbo" era meglio.

Il termine "furbo" esprime un concetto sottile il cui senso profondo può mutare radicalmente a seconda del contesto e del punto di vista. Comodo, perché permette a due persone di accordarsi sulle parole senza avere bisogno di concordare sulle idee. Un furbo è un dritto, un tipo intelligente che sa cavarsela nelle situazioni pericolose, come MacGyver, capace di riparare tutto con un pezzo di fil di ferro e un rotolo di nastro adesivo. Ma può anche essere un tipo scaltro, al limite del disonesto.

E poi, per essere precisi, quando ci dicevano di essere "furbi", bisognava interpretarlo come "più furbi degli altri". Era sottinteso. E questo ha la sua importanza.

Il nostro credo avrebbe potuto essere: «La nostra Azienda è la più furba». Fare business sul confine evanescente della legalità era dunque naturale. Con un unico divieto: farsi beccare.

Avete già capito che per non farsi beccare c'è un imperativo che è... qualche secondo di suspense per quelli tra voi che amano particolarmente giocare... che è... disporre di analisi conformi, ovvio!

La regola d'oro è la seguente: LE ANALISI DEL PRODOTTO DEVONO ESSERE IN CONFORMITÀ CON LE NORME.

È il principio basilare del *food business*.

Molte persone pensano che le analisi permettano di capire tutto, di sapere tutto, come nei telefilm americani in cui la polizia scientifica, con un pezzetto d'unghia del mignolo del piede della vittima, dà un nome all'assassino, trova il suo indirizzo ed elabora il suo tema astrale. Neanche per sogno! La realtà è molto più complicata.

Il documento di base è la *norma* con cui si stabilisce che il tal prodotto deve avere il tot per cento di questo, il tot per cento di quello e il tot per cento di quell'altro. Se è così, tutto a posto.

Il sapore? L'odore? La consistenza? La qualità nutrizionale? Le tracce di elementi non identificati? Se non ci sono difetti lampanti, tutti se ne infischiano!

Nessuno cerca di approfondire. A che scopo? Costa caro, ci vuole più tempo e, in generale, quando si cerca la merda la si trova, e ci finiscono dentro tutti quanti.

Credete davvero che nessuno sapesse che la carne di cavallo aveva preso il posto di quella di manzo? Andiamo! Per anni e anni. Centinaia di tonnellate… E nessuno si sarebbe mai accorto di nulla? Eppure veniva controllata, analizzata, venduta e consumata. Ma quando non si vuole vedere…

L'esempio migliore che conosco è quello della pappa reale. Rassicuratevi, è stato tanto tempo fa, quindi è andato in prescrizione, e voi sapete bene che oggi, ovviamente, queste pratiche non sono più in uso… Ovviamente…

Fabbricata dalle api, la pappa reale è un prodotto estremamente difficile da raccogliere, perché le quantità disponibili in ogni alveare sono piccolissime, e la raccolta richiede molto tempo e molto lavoro. Tutto ciò logicamente ne giustifica il prezzo elevato. Tanto più che la pappa reale è un esempio perfetto di prodotto marketing, un'illusione che fa vendere. Pochissimo prodotto (ammesso che ci sia davvero) nel vasetto, ma il nome scritto in grande con la promessa (che non costa niente e vincola solo il gonzo che paga) di un mucchio di benefici non verificabili e di una vita migliore, lunga e prospera.

Necessariamente, su un mercato come quello, potevamo guadagnare parecchio con pochi rischi, a patto di essere "furbi". Degli amici cinesi ci hanno fabbricato un surrogato di pappa reale a base di miele, polline filtrato, materie grasse vegetali, fruttosio ecc. che soddisfaceva perfettamente i controlli basilari di routine. E siccome la pappa reale è un prodotto molto marginale, negli scambi internazionali, i controlli approfonditi svolti dalle dogane e dai servizi sanitari sono assai rari. In genere non sanno neanche cos'è, e poi hanno ben altre gatte da pelare.

Nel giro di poco tempo, il mercato è stato inondato dalla pappa reale *made in China*, che costava un quarto del prezzo normale. Certo, di primo acchito il prodotto ha sorpreso alcuni esperti, il sapore e la consistenza non erano assolutamente gli stessi, ma va be', magari con le api cinesi è diverso, e soprattutto era incredibilmente più economico. Le analisi di base erano perfettamente conformi. Perciò che importava se il sapore non aveva niente a che vedere con quello della pappa reale che conoscevamo? Oltretutto, questo prodotto non viene praticamente mai venduto così com'è, ma diluito in modo omeopatico, nel miele ordinario o di bassa gamma, per meglio valorizzarlo.

Dovete riconoscere che è una gran furbata. Abbiamo venduto questa pappa reale per anni con enormi profitti, prima di cedere il ramo miele. Sono sicuro che oggi nessuno fa più una cosa del genere. Anzi sicurissimo. Dormite tranquilli e non ascoltate le male lingue che dicono che la Cina esporta oggi più prodotti apistici di quelli che le loro api in via d'estinzione sono in grado di produrre.

Bisogna mettersi bene in testa che l'analisi è al centro del "sistema *food*". Il bollettino d'analisi è *il* documento che dovrebbe comprovare che l'azienda rispetta i suoi obblighi di controllo e di sicurezza. In caso di problemi, è importantissimo avere sottomano un'analisi che dimostri che avete realizzato tutti i controlli di base e che la vostra è una società responsabile. Beninteso, se disgraziatamente la frode non è individuabile tramite queste analisi di base, assumerete il ruolo della vittima…

Prendiamo, per necessità pedagogica, il bizzarro e puramente immaginario esempio di una filiera che parta da un cavallo e sfoci in un piatto di lasagne al ragù di manzo. Visto che nel mondo dell'industria la magia non esiste, deve esserci una frode da qualche parte, tra il pascolo dove il suddetto cavallo saltellava e il congelatore del supermercato zeppo di questi deliziosi piatti pronti. Ma una cosa del genere è possibile, con tutti i controlli lungo la catena di produzione? In realtà è abbastanza semplice, e gli ingredienti sono i seguenti.

Una catena lunga. Quanti più sono i soggetti coinvolti e le frontiere, meglio è. I documenti sono redatti in lingue diverse e i servizi sanitari, veterinari, gli ispettori antifrode, le dogane… possono agire solo nei rispettivi paesi. Le autorità nazionali faticano a coordinarsi da una parte all'altra delle frontiere.

Dei documenti non troppo precisi, difficilmente leggibili, per esempio con prodotti indicati da codici specifici delle singole aziende. È un po' come inventarsi una propria lingua, affinché nessun altro a parte voi ci si raccapezzi. Si scriverà per esempio "articolo VDN52125" anziché "carne di cavallo", mentre la "carne di manzo" diventerà l'"articolo VDN52135". E siccome nessuno è immune da un piccolo errore di digitazione…

Delle analisi falsate. Le analisi dovrebbero chiudere il sistema provando in maniera scientifica che il prodotto è sano e corrisponde esattamente all'etichettatura. Ma cosa si trova nelle analisi di base sulle carni? Il tenore in proteine, l'umidità, la percentuale di grasso. Niente che garantisca formalmente sulla specie animale in questione. E un professionista furbo saprà perfettamente quale carne di cavallo scegliere perché le analisi di routine siano compatibili con quelle di una carne di manzo.

Se si vuole la perfezione, l'ideale sarebbe vendere dei pezzi piccoli, delle rifilature, o meglio ancora triturare tutto. Non c'è niente di meglio della carne trita o del famoso *minerai de viande*, vale a dire gli scarti di macellazione! In questo modo è facilissimo aggiustare la percentuale di grasso e rendere invisibili le differenze di struttura e di colore delle carni.

Beninteso, nella filiera serve almeno un vero frodatore. Qualcuno che acquisti consapevolmente della carne di cavallo e la rivenda come manzo. Ma credete davvero che i suoi clienti – industriali che trattano da anni volumi considerevoli, impiegano degli specialisti delle carni e dispongono di servizi qualità che analizzano centinaia di partite – non si accorgano di nulla? È semplicemente impossibile. Non ci si può credere nemmeno per un secondo!

Gli esperti come me conoscono perfettamente il prezzo di mercato dei prodotti che comprano e sanno che bisogna diffidare dei lotti e dei fornitori poco costosi. Discutono tra loro durante le fiere campionarie e nelle organizzazioni professionali, e le aziende suscettibili di abbandonarsi a manovre illecite sono note. Non si cade nella delinquenza dall'oggi al domani, ci vogliono delle predisposizioni, e ci sono aziende – così come ci sono individui – che godono di una cattiva reputazione.

Un test di tracciabilità serio, che segua un determinato lotto lungo tutti i passaggi, svelerebbe subito gli altarini. Infine, effettuare ogni tanto un test di controllo genetico, affidabile e sempre meno caro, renderebbe decisamente più sicura tutta la filiera. Ma bisogna volerlo sul serio.

12
Case per i puffi

Non è raro, con i prodotti alimentari delicati, che certe caratteristiche minori, come l'aspetto, il gusto o l'odore, siano alterati. Anzi succede di continuo. È una sfortuna, di solito involontaria, ma il prodotto si ritrova a essere meno attraente, un po' come una Miss Mondo che abbia appena sgranocchiato una tartina spalmata di formaggio all'aglio e a cui spunti qualche pelo dal décolleté. Non si può dire che siano difetti gravissimi, ma l'immagine ideale che ci si faceva della Miss in questione ne risulterebbe decisamente rovinata. In un caso come quello, sono sufficienti alcuni semplici artifici – come un maglione con il collo alto e uno spray alla menta – per restituire alla bellezza tutto il suo splendore. I difetti non sono eliminati, sono solo nascosti, abilmente camuffati.

Per quanto riguarda gli alimenti, è semplice: basta fare la stessa cosa. E davvero non si esita a farlo.

La prima volta che mi sono dovuto occupare di una "quasi Miss Mondo", è stato durante il mio primissimo giorno di lavoro in qualità di *trader*. Il mio nuovo capo mi aveva presentato velocemente alla squadra e sistemato a una scrivania su cui era posato un unico e voluminoso fascicolo arancione.

«Leggi questo e proponimi delle soluzioni» mi aveva

detto indicandomelo con un indice imperioso. «Sei un ingegnere, dovrebbe essere una cosa facile, per te. Ci vediamo tra un'ora.»

Prima che avessi avuto il tempo di chiedergli qualsiasi cosa, era uscito in tromba dalla stanza, un vasto open space occupato da otto scrivanie del medesimo modello con sedie e lampade assortite. La mia, così avevo capito, era messa proprio di fianco alla sua, sulla destra. Davanti a noi c'erano due assistenti e, in fondo alla stanza, tre compratori con un'assistente. Erano tutti al telefono. Contrattavano accanitamente, ne dicevano di tutti i colori e si congratulavano con un frastuono ininterrotto in inglese, spagnolo e italiano. Un'atmosfera da sala contrattazioni.

Ho aperto la grossa cartella arancione. Era piena zeppa di documenti, per la maggior parte in inglese. Niente di complicato, a prima vista: ci proponevano di acquistare degli champignon surgelati. Circuito breve, semplice: coltivati e surgelati in Cina, importati da una società olandese e al momento stoccati a Rotterdam. Cinque container in tutto, ossia 80 tonnellate di funghi imballate in scatoloni da 10 chili. I documenti erano perfetti: fattura, certificato d'origine, analisi, tutto a posto. La merce era sdoganata CEE e poteva quindi essere trasportata e venduta ovunque in Europa senza altre formalità.

Un messaggio e-mail precisava che il venditore era pronto a concederci uno sconto... dell'80%! Ovvero tutti e cinque i container al prezzo di uno solo!

Davvero non vedevo dove fosse il problema. Con un prezzo simile avremmo rivenduto facilmente quella merce, e con un ottimo margine. Il venditore doveva proprio essere con le spalle al muro, avere gravi problemi finanziari o enormi giacenze, per acconsentire a un simile sconto. A quel punto aprii una piccola busta che conteneva alcune foto… e tutto si chiarì. Per fortuna ero seduto.

Le foto mostravano alcuni scatoloni aperti e i funghi che contenevano. Blu, erano blu! Alcuni avevano solo delle macchie, come se fossero stati schizzati con dell'inchiostro diluito, altri avevano degli aloni irregolari attorno al cappello, altri ancora erano quasi completamente blu. Un blu piuttosto bello, peraltro, che tendeva al turchese. Era evidente che nessuno avrebbe mai voluto comprare, né tanto meno consumare, degli champignon di un colore così singolare.

«Stai lavorando sui Puffi?»

Alzai la testa.

«Scusa?»

«I funghi blu!» insistette una delle due assistenti, che si era avvicinata e mi guardava con comprensione attraverso le lenti bifocali. «È Van Wrinjk, un olandese, che ce li vuole rivendere. Si è fatto abbindolare da uno dei suoi fornitori cinesi» mi spiegò in tono confidenziale. «Non sa cosa fare della merce e ha paura che in caso di controllo dei servizi sanitari, gli toccherà farla distruggere a sue spese.»

«Be', non mi stupisce, chi comprerebbe dei funghi blu?»

«Be', appunto, sei tu che devi trovare chi» rispose lei in tono serissimo. «Abbiamo pensato a dei produttori di zuppe, ma loro prendono solo sottoprodotti ed è già tanto se non dobbiamo regalargli la merce. Abbiamo tutti i contatti, puoi chiamarli, se vuoi.»

«Ma da dove viene questo colore?»

«Non si sa. Solo il produttore cinese potrebbe dirci se

ha aggiunto qualche prodotto o usato un certo procedimento, ma da quando Van Wrinjk gli ha chiesto un risarcimento non dà segni di vita. Comunque sia, con i cinesi una volta che si è pagato è troppo tardi, non c'è più nulla da fare. Reclamare non serve a niente, e poi nessuno gli fa causa, lo sanno tutti che è una perdita di tempo e di denaro.»

«Allora, novellino, qualche idea?» esclamò il mio capo fiondandosi nell'ufficio.

«Be', come avete pensato anche voi, si potrebbero usare per delle minestre passate. La colorazione sembra superficiale e dovrebbe attenuarsi una volta tritati i funghi. Il rischio è che la zuppa si colori leggermente di blu... Ma aggiungendo un altro colorante... del curry o della curcuma...»

«Non ne vale la pena» rispose con una smorfia disgustata piuttosto spaventosa. «I produttori di salse e di minestre sono dei morti di fame, non appena ci vedranno arrivare, vorranno la roba per niente. Non si guadagna un tubo con loro. Tanto vale non concludere l'affare.»

«E poi non sappiamo quale prodotto abbia dato questo colore» feci notare.

«E chi se ne frega!» esclamò con uno sguardo profondamente contrariato, come se avessi appena detto una volgarità. «Non ti chiedo di mangiarli, questi funghi, solo di venderli!»

«Ma se fosse pericoloso?»

«Guarda le analisi nel fascicolo, sono perfette. Non c'è scritto da nessuna parte che non si possono consumare.»

«Sì, certo, ho visto, ma sono solo analisi di routine, nessuno ha cercato veramente quello che non va» insistetti.

«E allora? La conosci, la regola della responsabilità,

l'hai imparata a scuola. Uno, non sei il produttore; e due, non sei neanche l'importatore. Se c'è un problema sarà affar loro, la responsabilità legale è loro, non è mica nostra. Siamo solo dei semplici intermediari. Non me ne frega niente di quello che pensi, ti chiedo soltanto di trovare un modo per far sparire quella colorazione, così riusciamo a venderli.»

«Magari potremmo farne un purè? Per i produttori di piatti pronti...» azzardai senza molta convinzione.

«No» rispose lui con sguardo assente grattandosi il mento. «Ho già contattato dei clienti belgi che fanno puree di verdure, ma per i passati di champignon non c'è mercato. È una cosa che non interessa a nessuno. L'ideale sarebbe tenerli interi, sarebbe più facile valorizzarli.»

«E se li facessimo friggere? Magari cotti avranno un colore dorato che maschererà il blu...»

«No» riprese dopo qualche secondo di riflessione. «I cinesi hanno imbottito d'acqua i funghi. Se li si frigge si rattrappiscono e perdono troppo peso. E poi non è sicuro che tutto quel blu scomparirebbe con la cottura.»

«In una salsa o in un ripieno?» proposi.

«No!» ringhiò lui. «Ti ho appena detto che non possiamo scaldarli, sennò pisceranno fuori tutta l'acqua.»

«Be', se bisogna utilizzarli a freddo, allora perché non impastellarli con la zangola?»

«Spiega.»

«Senza scongelarli, li si riveste per aspersione a freddo con una salsa densa, una pastella o del pangrattato. Poi si congela il prodotto finito, come si fa con la roba fritta.»

«Così non si vedrà più per niente il colore e l'acqua si conserverà tutta all'interno» commentò il capo con un lieve ghigno che tradiva una profonda gioia interiore, un po' come un credente di fronte all'apparizione della Vergine.

«Sì, e il rivestimento aumenterà il peso con una spesa minima. Una pastella a base di farina, olio e acqua non costa quasi niente. Ma non so proprio chi vorrà comprare degli champignon impanati.»

«Non ti preoccupare» mi rassicurò lui. «Tutto si vende, è solo una questione di prezzo. Ok, facciamo così.»

Nell'arco di una mattina, con qualche telefonata, i funghi cambiarono proprietario. Van Wrinjk pagò persino il trasporto, felice com'era di sbarazzarsi di una merce così problematica. Il prodotto fu mandato in uno stabilimento francese per essere impanato e confezionato in graziose buste di plastica stampate, e infine fu venduto con un buon margine di guadagno a un gruppo di supermercati indipendenti felicissimi di aggiudicarsi un così buon affare.

Tuttavia, mi sentivo diviso. Ero soddisfatto per aver svolto il mio lavoro fornendo una soluzione a un problema della mia impresa. Ma, nello stesso tempo, mi ero reso perfettamente conto che l'Azienda non si faceva scrupoli etici quando c'era di mezzo il business, e che solo e soltanto il fine, il profitto a breve termine, giustificava i mezzi. Cosa ne era della qualità e di tutto quello che mi avevano insegnato i miei genitori e i miei professori? Palesemente qui non era la priorità.

Mi muovevo tra due mondi incompatibili. Da una parte c'era il mio lavoro: l'Azienda, il mio capo e la loro mancanza di valori; dall'altra, la mia vita "normale": la mia famiglia, i miei amici radical chic e tutti quei discorsi sull'ambiente, levigati e benpensanti. Due universi separati, ognuno con le sue regole e i suoi valori, incapaci di comprendersi.

In seguito non mi è capitato spesso di rivedere degli champignon blu. In compenso mi sono imbattuto con una certa regolarità in partite di funghi che si erano deteriorati per via di un guasto al compressore frigorifero e avevano finito per ossidarsi, diventando più marroni che bianchi, quando non completamente neri. È successo lo stesso anche con altre verdure, per esempio cavolfiori, broccoli e peperoni. In questo caso, il rivestimento a freddo resta la soluzione migliore che abbiamo trovato, e le verdure in pastella si vendono molto bene in Olanda.

Ora, starete pensando che il rivestimento sia un ripiego volto a minimizzare le nostre perdite, e che ricevere un container frigorifero dalla Cina pieno di champignon surgelati il cui compressore ha avuto dei problemi durante il trasporto sia una catastrofe per l'acquirente. Errore! È proprio l'opposto: quel guasto è una benedizione.

Perché mai?

Ma grazie alle assicurazioni, che ovviamente vi rimborseranno il valore della merce rovinata! Sì, perché il trasporto è sempre assicurato! Nel caso di un'avaria verificatasi durante il trasporto e individuata all'arrivo di un container o di un camion, un perito della compagnia di assicurazioni verrà a constatare i danni. Aprendo il container e disimballando qualche scatolone, non potrà fare altro che verificare con voi (è importante essere presenti per spiegargli l'ampiezza della catastrofe) che la partita è inutilizzabile, buona per la pattumiera. E a quel punto non vi resterà che intascare l'assegno, beninteso con la promessa di distruggere la partita in questione... Ah, un'ultima cosa: se qualcuno sa cosa può aver regalato quel bel colore blu agli champignon, mi scriva. Non vorrei morire nell'ignoranza.

13
Storielle piccanti con cacca

Può capitare, soprattutto quando si importano prodotti da paesi in cui l'igiene e la cultura della qualità lasciano a desiderare, che i difetti di Miss Mondo non siano di natura semplicemente estetica.

«Abbiamo un problema» mi annunciò il boss con aria abbattuta un mattino al mio arrivo in ufficio.

«Ci siamo fatti fregare da un indiano su un lotto di peperoncino.»

«Qual è il problema, esattamente, capo?»

«Questo» mi disse facendomi rotolare nel cavo della mano una decina di grossi granelli neri, di forma allungata, friabili, di un buon centimetro di lunghezza.

«Che semi sono?»

«Non sono semi, sono escrementi.»

«Escrementi?»

«Abbiamo 100 tonnellate di peperoncino in fiocchi (leggasi peperoncino essiccato in frammenti) che sono stati stoccati male all'origine (leggasi presso il fornitore indiano)» mi spiegò. «Ratti e topolini si sono dati alla pazza gioia. Oltre ad alcuni cadaveri di sorci rinsecchiti, abbiamo trovato peli ed escrementi un po' dappertutto. Una vera catastrofe.»

«Intendi dire che i ratti hanno sporcato i sacchi?» domandai restituendogli i suoi preziosi escrementi.

«No, è la merce dentro i sacchi che è piena di escrementi di topo.»

«Ma com'è possibile?»

«È colpa di quello stronzo di un indiano, ci ha venduto un lotto andato a male che ha comprato a un prezzo stracciato. Non siamo stati abbastanza prudenti... *Io* non sono stato abbastanza prudente. Avevamo già fatto alcuni buoni affari, con lui, ci siamo fidati, abbiamo pagato troppo presto, e adesso abbiamo 100 tonnellate di questa merda sul gobbo.»

Adesso capivo meglio la sua preoccupazione. A differenza degli champignon blu, che alla fine non avremmo comprato se non avessimo trovato una soluzione soddisfacente, nel caso del peperoncino l'affare era fatto. Eravamo semplicemente in trappola – il che mandava in bestia il capo – e la merce, pagata da noi, se ne stava tranquillamente in attesa nei nostri magazzini.

Stavolta non potevamo contare sull'assicurazione, per tirarci fuori dai guai: la compagnia non ne voleva sapere. Non c'era stato un guasto durante il trasporto, nessun incidente, e i lotti avariati proditoriamente spediti da un venditore scorretto non erano coperti. Eravamo assicurati contro gli incidenti, non contro le truffe. Che mondo feroce.

Bisognava assolutamente trovare un modo per non buttare via tutto, cosa che ci sarebbe costata il prezzo della merce più le considerevoli spese per il trasporto e la distruzione.

«Questi escrementi non si possono togliere?» azzardai prudentemente.

«Abbiamo già setacciato e ventilato tutto il lotto. Lo stabilimento ci ha lavorato sopra per un'intera settimana. Con i peli è tutto a posto, sono leggeri e li abbiamo tolti quasi tutti. Ma gli escrementi hanno la stessa grandezza e la stessa densità dei semi e dei pezzi più grossi di peperoncino. Toglierli è impossibile. Anche a ripassarli dieci volte, butteremmo via metà dello stock ma ne resterebbero ancora.»

«Allora, se non si possono togliere, siamo spacciati.»

Il capo mi guardò con gli occhi sbarrati, come se avessi bestemmiato sulla Borsa o sputato sul presidente della confindustria.

«Credi che ti paghiamo per arrenderti al minimo problemino?» mi aggredì. «Spremiti le meningi. Mi serve una soluzione. Non se ne parla proprio di buttare 80.000 euro di roba.»

«Ma che cosa possiamo fare se non si possono togliere gli escrementi di topo? Non li faremo mica mangiare ai consumatori?»

«Cosa sono gli escrementi?» mi chiese affondando di colpo lo sguardo nelle profondità più recondite del mio con voce improvvisamente flautata.

«Be'...»

In quel momento, confesso che la domanda mi lasciò un po' sconcertato e mi mancò la replica.

«Non c'è nessun be', è una materia estranea, punto e basta.»

Poi, parlando a scatti e articolando lentamente ogni sillaba, come se mi stesse dettando il primo dei dieci comandamenti, aggiunse: «Non è difficile: "Tutto ciò che, propriamente parlando, non è peperoncino è una materia estranea". E se guardi nel capitolato d'appalto, vedrai che ci è concessa una tolleranza dello 0,5%. Ecco come bisogna ragionare».

La sua logica era inattaccabile. Lui sì che era un vero capo, che non si lasciava abbattere e fronteggiava le avversità con forza e coraggio. Tecnicamente aveva ragione. I nostri capitolati d'appalto non menzionavano esplicitamente gli escrementi di animali e, nel commercio delle materie prime, esiste una certa tolleranza per le contaminazioni ritenute inevitabili; vegetali rotti, polvere, sementi estranee, frammenti di insetti…

«Ok, ok» ripresi io. «Ho capito, non parliamo più di escrementi e di peli, ma di materie estranee. Ma non possiamo lasciare il prodotto così com'è. Gli escrementi sono troppo visibili, ce lo rimanderanno indietro tutti, questo peperoncino.»

«Lo so, ci ho riflettuto a lungo. E se triturassimo tutto per farne del peperoncino in polvere?»

«In teoria è fattibilissimo. Ma per prima cosa bisognerebbe procedere a un trattamento termico per essiccare bene il tutto, e in particolare per decontaminarlo. Non so cosa contengano gli escrementi di topo indiano, ma bisognerebbe evitare di ritrovarci con degli agenti patogeni tipo salmonella o coliformi nel nostro peperoncino. Qualsiasi analisi di routine li rintraccerebbe e, se avvelenassimo un cliente, per noi sarebbe una catastrofe.»

«E quanto costa un procedimento del genere?» si preoccupò, sempre molto pragmatico.

«Circa 20 centesimi al chilo, trasporto, perdite e confezionamento compresi. Forse meno, visto che la partita è consistente.»

«Vada per il trattamento termico: e dopo?»

«Dopo si trita il tutto. Il più finemente possibile: 80,

100 o addirittura 120 *mesh*[7]. A 120 *mesh*, le particelle avranno una misura inferiore al decimo di millimetro. Così si nebulizzano gli escrementi, li si fa scomparire, e lo stesso vale per i peli eventualmente rimasti. Ma il problema è che supereremo sicuramente i limiti di tolleranza per i materiali estranei.»

«Già, e questa cosa salterà fuori con le analisi... A meno che non diluiamo» esclamò lui con un barlume di speranza negli occhi.

«Sì, esatto, dopo la lavorazione bisognerà analizzare la partita e, se le materie estranee sono ancora troppo alte, mischiarla con una partita di peperoncino in polvere di buona qualità.»

«Ti do carta bianca. Fammi sparire questa merda. Essiccazione, trituramento, miscuglio, occupati tu di tutto.»

Trovare un'azienda non troppo scrupolosa per tritare molto finemente il mio peperoncino, con i suoi peli e i suoi escrementi, non mi richiese più di un'ora. Niente è impossibile con un buon indirizzario. In compenso, come temevo, la percentuale di materie estranee salì al di sopra del ragionevole, assolutamente fuori norma, per farla breve. Potevamo dunque utilizzare la partita soltanto mescolandola nella misura del 25% con un prodotto di buona qualità. Ci mettemmo quasi un anno a smaltirla tutta.

Mi piacerebbe potervi dire che questa operazione di "repulisti" è un caso isolato, che in seguito non si è mai più verificato, e che una simile manipolazione oggi è impossibile, ma ci è successo a numerosissime riprese di ricevere partite di spezie dalla Turchia e dall'Egitto conte-

7 Il *mesh* è un'unità americana di misura delle maglie da vaglio. Più il valore in *mesh* è elevato, più le maglie sono strette e più la polvere dovrà essere sottile per passarci attraverso.

nenti sterco di uccelli, o di pepe dall'India e dalla Cina sempre con escrementi di topo, mozziconi di sigarette e svariati altri rifiuti. Certe partite che avevamo rifiutato di acquistare, tanto erano sporche, ci sono persino state riproposte da venditori indiani, cinesi o di altre nazionalità, dopo essere state triturate, trattate e diluite per essere conformi alle norme…

Personalmente, da allora non consumo più alcun tipo di spezie in polvere.

14
Rosso come un pomodoro?

A quelli tra voi che non conoscono lo Xinjiang posso solo dire che sono fortunati, perché è sicuramente l'angolo più squallido di tutta la Cina. Il tipo di posto che induce alla nostalgia e istiga al suicidio.

Lo Xinjiang dista più di 3.000 chilometri da Pechino e confina con la Mongolia e il Kazakistan. È un'immensa pianura polverosa che si estende a perdita d'occhio e la cui monotonia è interrotta di tanto in tanto solo da un sudicio villaggio o da una fabbrica dall'aspetto sinistro che sputa fuori larghi pennacchi di fumo bianco. La regione mi interessa proprio per via di queste fabbriche. Sì, perché il pomodoro industriale lo fanno qui, nello Xinjiang.

Durante la raccolta dei pomodori, da fine luglio a fine settembre, file ininterrotte di vecchi camion fanno incessantemente la spola tra gli stabilimenti e i campi. La regione produce ogni anno più di cinque milioni di tonnellate di pomodori destinati alla trasformazione e all'export. I cinesi consumano poco concentrato di pomodoro: la pizza e le lasagne al ragù di cavallo non sono ancora entrate nelle loro abitudini, anche se le abitudini cambiano in fretta.

Le numerose fabbriche disseminate per la campagna

appartengono a tre conglomerati controllati dallo stato e dall'esercito popolare. Wang, il responsabile del nostro ufficio cinese, mi aveva spiegato che, all'epoca delle tensioni con l'Unione Sovietica, tre milioni di soldati erano stati ammassati in questa regione desertica con il compito di mettere in sicurezza la frontiera. Quando i rischi di un conflitto si sono allontanati, lo stato "democratico" cinese ha giudicato più utile destinare i soldati semplici allo sviluppo della regione piuttosto che rimandarli a fare i disoccupati a casa loro. È così che interi reggimenti – in senso letterale – coltivano, trasportano e trasformano il pomodoro a beneficio di pochi generali e di qualche dirigente corrotto (scusate il pleonasmo) del Partito comunista.

Alcuni anni fa, compravo per conto dell'Azienda il pomodoro concentrato dalla Francia, dall'Italia e dalla Spagna, ma poi sono arrivati i cinesi e hanno fatto man bassa di tutti i mercati con prodotti di bassa qualità, certo, ma dai prezzi parecchio inferiori. Eh sì, di nuovo.

Non bisogna illudersi. I cinesi sanno contare perfettamente, ma nel paese di Mao il costo di produzione non conta.

La Cina è una dittatura con un'economia dirigista, e il prezzo non ha importanza. L'obiettivo principale è di far entrare della valuta, e secondariamente di dare lavoro a una popolazione che aumenta di dieci milioni di individui all'anno. Vedete bene che, con i nostri sei milioni di disoccupati e simili, facciamo ridere.

La strategia cinese è semplice: innanzitutto mirare ai mercati mondiali che hanno bisogno di una mano d'opera considerevole, poi prendere come riferimento il prezzo mondiale e offrire un prodotto equivalente a un prezzo dal 10 al 20% meno caro. Chi può resistere a una simile offerta? Semplice, agevole ed efficace.

Così la Cina ha inondato il pianeta di champignon in scatola, pomodoro concentrato, vasetti di asparagi, aglio, succo di mela, pere sciroppate, fagiolini surgelati, cavolfiori, funghi porcini e spugnole... Tutti prodotti che i cinesi non consumano, o consumano poco.

Cito solo i prodotti alimentari, ma è lo stesso per tutti i manufatti, dagli orologi alle magliette e ai farmaci; l'obbiettivo è uno solo: esportare e far entrare valuta.

Ci si può anche dire che in fondo è la legge del mercato, la giusta e leale libera concorrenza, se non fosse che, nel caso del nostro pomodoro concentrato dello Xinjiang, i dipendenti-soldati sono pagati (pochissimo) dallo stato e il trasporto per 3.000 chilometri, dalla zona di produzione fino al porto, è anch'esso a carico dello stato e non viene inserito nei costi di produzione. Comunque sia, lo ripeto, tutto questo non ha nessuna importanza: il prezzo cinese è il prezzo mondiale meno il 20%!

Poi, con le valute accumulate, i cinesi possono comprare le aziende europee moribonde che, com'è ovvio, non possono lottare contro questo *dumping* perfettamente organizzato. È così che il leader francese del pomodoro concentrato, Le Cabanon, è stato rilevato nel 2004 dalla Xinjiang Chalkis Co. Ltd, un'impresa diretta dal generale Liu Yi e che ha sede a Urumqi, la capitale della regione.

Per la mia azienda è del tutto indifferente che il prodotto sia cinese o francese. Si fanno affari e si guadagna qualunque sia l'origine del prodotto.

Anche per i nostri clienti, industriali e supermercati, contano solo il prezzo e una qualità che sia visivamente accettabile. E questo è precisamente il nostro problema del momento.

Da qualche settimana, riceviamo interi container di fusti da 220 chili di pomodoro concentrato che il mio capo definisce "merda", quando non "grossa merda", anche se alla fin fine non è poi così tremendo. Il concentrato è più bruno che rosso e ha un gusto sorprendente, tra il pomodoro ammuffito e il ketchup bruciato. Al microscopio, risulta pieno di tracce di lieviti e di muffe, con punti neri la cui origine non si riesce a identificare con precisione. Evidentemente è stato fatto con pomodori ammuffiti e scaldati al massimo per eliminare più tracce possibile. Sfortunatamente, il colore e il sapore sono un calcio sui denti. Per giunta, alcuni fusti si gonfiano a causa di una fermentazione interna del concentrato e finiscono per esplodere, proiettando nel magazzino dei getti sanguinolenti davvero artistici. Tanto che i magazzinieri si rifiutano di maneggiare i fusti per paura di vederseli esplodere in faccia o di finire decapitati dall'espulsione di un coperchio di metallo.

Intendiamoci bene: non è perché la merce è di cattiva qualità che siamo scontenti. Se non dormiamo sonni tranquilli è per averla pagata troppo cara! Perché, anche per questi concentrati di pomodori marci, c'è un prezzo di mercato e uno di sbocco. O, più esattamente, un prezzo e dei mercati. Ma pazienza.

Il nostro "partner" cinese è uno dei tre grandi conglomerati. Veniamo ricevuti da una notevole sfilza di responsabili, almeno una decina, il direttore della fabbrica, il responsabile della produzione, il responsabile commerciale, il responsabile dell'export, il responsabile della qualità, il responsabile delle colture, della logistica, e da altri irresponsabili di un po' tutto e di un po' niente. Tutti sono di una cortesia perfetta, ci stringiamo la mano, ci ringraziamo a vicenda, chi per l'accoglienza, chi per la bella idea di essere passati a salutare, e tutto questo piccolo mondo si reca a visitare una fabbrica modello.

Le installazioni sono impressionanti: uno stabilimento interamente pilotato tramite computer e con attrezzatura italiana Rossi & Catelli, tutta in acciaio inox di ultima generazione. Ce n'è a sufficienza per trattare senza problemi 50.000 tonnellate di pomodori freschi in meno di due mesi, il tempo di durata della raccolta. Wang mi spiega che le fabbriche sono state equipaggiate da industriali italiani che si fanno pagare in concentrato, una specie di moderno baratto che conviene a tutti.

Beninteso, i pomodori freschi che vengono consegnati qui sono perfetti, e il prodotto che ne viene ricavato è di ottima qualità, niente a che vedere con la cacca bruna che ci hanno mandato nelle ultime settimane.

La discussione che segue si tiene tra un gruppo molto più ristretto; il responsabile dell'export, il responsabile che segue la nostra azienda e da cui acquistiamo i lotti, Wang e io. Comincio col disporre sul tavolo una decina di magnifiche foto. In alcune si vedono dei fusti esplosi, con il loro marchio, e tracce di spruzzi color sangue secco sui muri; in altre, i fusti sono deformati come mongolfiere appena prima dell'esplosione; per finire, sulle ultime, dei fusti aperti di concentrato molto rosso e altri di concentrato bruno sono ripresi fianco a fianco per mostrare bene il contrasto.

Resto un attimo in silenzio per permettere ai padroni di casa di apprezzare i miei talenti di fotografo. Discutono tra loro in cinese, tranquillamente, come se tutto quanto, in fondo, fosse nell'ordine naturale delle cose.

«Cosa ne pensate?» dico in inglese guardando il direttore dritto negli occhi.

«Siete stati sfortunati, questo stock doveva partire per l'Africa, e l'abbiamo mandato in Europa per sbaglio. È increscioso.»

«In questo caso, vi chiedo di rimborsarci tutti i fusti esplosi e una compensazione di 0,40 dollari USA al chilo per il resto, in modo che possiamo coprire le nostre spese.

«D'accordo per i fusti rovinati, ma per quanto riguarda i 40 centesimi, non è possibile. Per questa faccenda perdiamo già molto denaro.»

Ah, il famoso "perdiamo già molto denaro". Quanto suonano false queste parole! Quante volte le ho sentite? Decine? Di più? È come se chi vi dice questa enormità confessasse chiaramente che sta facendo un mucchio di soldi fregandovi.

«In questo caso,» dico io con calma e con il sorriso sulle labbra «mi rimborsate e vi riprendete la merce per mandarla in Africa. Ma non sono sicuro che ne ricaverete un prezzo migliore, neanche laggiù.»

Li lascio discutere tranquillamente in cinese mentre sorseggio un tè verde sicuramente più ricco di pesticidi che di sapore. Non c'è alcuna animosità tra noi. Era chiaro per tutti che si sarebbe trovato in fretta un accordo favorevole a entrambe le parti.

«Facciamo 20 centesimi» propone con calma il direttore.

«30, e per dimostrarvi la nostra buona volontà vi prendiamo altre 500 tonnellate della stessa qualità a questo prezzo.»

So che la proposta susciterà il loro interesse. Se insistono tanto per lasciarmi il loro concentrato marrone, è perché i loro magazzini ne sono pieni.

Nuove discussioni in cinese. Il direttore ogni tanto mi lancia un'occhiata per essere sicuro che non stia scherzando.

«D'accordo, ma ne prendete 1.000 tonnellate» esclama alla fine.

Rimango in silenzio qualche secondo per fare quello che riflette. Corrugo le sopracciglia per mostrare che non è una decisione facile, guardo il pavimento, il soffitto. Cerco di sembrare seccato. Ma siccome quelle 1.000 tonnellate le voglio comunque, e avrei accettato anche i 20 centesimi, alla fine do il mio consenso.

«Vada per i 30 centesimi in meno al chilo, 500 tonnellate subito e altre 500 da prendere entro sei mesi.»

Ci stringiamo la mano, tutti quanti sono entusiasti dell'accordo che abbiamo negoziato. Il commercio internazionale non è poi così complicato.

Il mio compito qui è finito, abbrevio la visita e mi rimetto in viaggio con Wang in direzione dell'aeroporto.

Dopo qualche chilometro, passiamo davanti a un'altra fabbrica del gruppo. Una lunga fila di almeno trenta o quaranta camion con cassoni pieni fino all'orlo di pomodori freschi preme davanti ai cancelli chiusi della fabbrica. I motori sono spenti e gli autisti discutono tra loro, seduti o sdraiati all'ombra dei veicoli. Ci fermiamo, e Wang si mette a parlare con loro.

L'odore acido dei frutti è molto forte, vedo piccoli rivoli di succo di pomodoro color giallo chiaro colare dagli interstizi dei cassoni di metallo e spandersi in ampie pozze sul terreno polveroso.

Dopo qualche minuto ci rimettiamo in marcia. Wang mi spiega: «Questa fabbrica ha molti problemi, ci sono guasti continui. Gli autisti devono aspettare per ore prima di scaricare. Sotto il sole, nei cassoni metallici riempiti con 20 tonnellate, i pomodori fermentano».

Adesso so da dove viene il mio concentrato marrone di pomodori marci.

15
Il paese dove scorrono latte alla melammina e miele adulterato

Ogni mattina partecipo attivamente, insieme a qualche milione di francesi, a un rituale instaurato in tempi antichi, ma sempre d'attualità: gli ingorghi. Quindi mi ci vuole più di un'ora per arrivare in ufficio. Così, per passare il tempo, ascolto distrattamente la radio: Rires et Chansons o France Info, a seconda dell'umore.

«Oggi è il 18 maggio 2013 e siete all'ascolto di France Info... I consumatori francesi sarebbero sorpresi di sapere che più del 10% del miele commercializzato in Francia è contraffatto...»

To', solo il 10%? Personalmente avrei detto di più, si vede che non hanno visto tutto quello che ho visto io.

«Secondo una recente inchiesta del CETAM (Centro di studi tecnici apistici della Mosella), che ha analizzato centinaia di campioni in tutta la Francia...»

Ah, non conosco questo ente. Però ha l'aria di essere meno inetto degli altri.

«...almeno un vasetto su dieci è adulterato! Oggi, nel vostro supermercato preferito... Secondo l'inchiesta, questo miele contraffatto proverrebbe essenzialmente dalla Cina...»

Oh, che rivelazione!

Maggio 2013, mica i tempi dell'uomo di Cro-Magnon, e stiamo parlando di più del 10%. Chi mai avrà il coraggio di dire che sono aneddoti senza fondamento?

Di più. Secondo uno studio della rivista mensile «Que choisir» del settembre 2014, che ha utilizzato i metodi di analisi più moderni ed è stato ripreso da «Le Canard enchaîné» di mercoledì 1° ottobre 2014, in realtà i vasetti di miele adulterato sarebbero almeno il 30%.

Questo "miele" cinese, lo conosco bene. Ne ho importate decine di container, migliaia di tonnellate racchiuse in fusti metallici da 200 chili. E non soltanto dalla Cina: anche dal Vietnam, dalla Turchia e da altri paesi considerati a basso costo.

Se si importa tanto da questi paesi, persino molto più di quello che vi si produce realmente, è soltanto per via del prezzo. Si potrebbe incoraggiare la produzione locale o ci si potrebbe orientare verso luoghi di produzione qualitativamente superiori; si trova molto di meglio in Australia e in Nuova Zelanda, in America centrale e in Sudamerica. Ma è più caro. Eh già, sorpresa: la qualità si paga!

Eppure, in Cina come altrove, e forse in Cina più che altrove, a causa dei catastrofici livelli di inquinamento e dell'uso massiccio di pesticidi, le api stanno scomparendo. A dimostrazione di ciò, un articolo del 23 aprile 2014 apparso su «Le Monde» e intitolato *Nel Sichuan "uomini ape" impollinano a mano i frutteti*, spiega molto bene come, in seguito alla scomparsa delle api, i contadini della regione debbano fare il lavoro degli insetti che essi hanno sterminato. Appollaiati sui rami dei loro meli, si armano di bastoni alla cui estremità sono fissati filtri di sigarette o punte di pennarelli e, con l'aiuto di questo strumento rudimentale, depongono meccanicamente sui fiori – che più tardi daranno i frutti – il polline raccolto in precedenza e che portano appeso al collo in una scatoletta di gomme da masticare.

Allora, mi direte voi, com'è possibile che questo paese, che sta assistendo alla sparizione delle sue api, sia diventato il primo produttore ed esportatore mondiale di "miele", con oltre 300.000 tonnellate all'anno?

Be', il perché è molto semplice: frodare sul miele è estremamente facile.

Ma attenzione: se non si vuole che si veda troppo, bisogna farlo con intelligenza. Ora, i cinesi non sono stupidi, e imparano in fretta.

All'inizio, hanno cominciato a tagliare il miele con un po' d'acqua. Siccome il miele è un antibiotico naturale, può contenere fino al 18% di acqua senza alterarsi. Ma qualcuno, troppo avido, ha esagerato col rubinetto e alcune partite di miele hanno iniziato a fermentare durante il trasporto. Vero è che può fare caldo nei container ammassati sotto il sole di Shanghai.

La soluzione quindi è stata quella di aggiungere una bella dose di antibiotici di sintesi, che stabilizzano il prodotto e sono gradevoli al palato del cliente, ma vanno consumati con moderazione. Risultato: nel 2002 il miele cinese, più dopato di un vincitore del Tour de France, è stato messo al bando in Europa.

Ma il bando non è durato a lungo. Nel 2004 le importazioni sono ricominciate ed è iniziata così la seconda fase della gloriosa epopea del miele cinese.

Il miele è essenzialmente zucchero o, più precisamente, una serie di zuccheri: principalmente fruttosio (intorno al 40%) e glucosio (30% circa). I nostri amici cinesi hanno dunque aggiunto con discrezione quelli che gli addetti ai lavori chiamano “zuccheri esogeni”, ovvero, in parole povere, che non hanno nulla a che fare col miele. Da bravi commercianti ansiosi di fare soldi, hanno cominciato con l’aggiungere lo zucchero industriale meno caro, lo sciroppo di glucosio liquido ottenuto a partire dal mais o dal frumento (costa 50 centesimi al chilo, mentre il miele di bassa gamma vale molto più del doppio).

Ma una proporzione troppo alta di glucosio provoca una cristallizzazione accelerata del miele. Beninteso, i clienti si sono accorti abbastanza in fretta che in quel miele c’era troppo glucosio rispetto al fruttosio. Ah, maledette analisi!

I cinesi hanno reagito prontamente aggiungendo del fruttosio liquido di cereali per rispettare la proporzione naturale e migliorare la conservazione, così che il tutto è diventato molto più difficile da controllare.

A questo punto, per troppa avidità, i cinesi hanno compiuto un altro passo falso esagerando di nuovo con le dosi. Allora i clienti hanno incominciato a guardare meglio e a conteggiare i granuli pollinici presenti nel miele. E... Oh... sorpresa! Spesso di polline non ce n’era neanche l’ombra! Il “miele”, in realtà, non era altro che una mistura artificiale di sciroppi di glucosio e di fruttosio industriali colorata con il caramello e ingegnosamente aromatizzata.

Smascherati ancora una volta, i cinesi non si sono lasciati abbattere e hanno messo in atto la fase tre: l’aggiunta controllata di polline.

Oggi, alcune società cinesi (ma non solo) fabbricano “miele” come si fa con qualsiasi altro prodotto industriale. Se la frode è fatta in modo intelligente, vale a dire rispettando le proporzioni glucosio/fruttosio naturale e aggiungendo la giusta dose di polline, il colorante e l’aroma adatto, è praticamente impossibile da rilevare. Dei laboratori perfettamente equipaggiati di strumenti d'analisi all'ultimo grido, manovrati da esperti, preparano ricette ed effettuano i test dei loro clienti e dei servizi sanitari per garantire che tutto vada bene. E tutto va benissimo. La frode non riguarda il 10% del miele, in realtà la percentuale è molto più alta, credetemi.

E non vi parlo delle bugie sulle origini: miele di Francia che contiene polline di tè o di cotone, esportazioni di miele d'acacia "ungherese" superiori alla produzione totale del paese…

E gli "errori" sulle denominazioni floreali? Miele di lavanda con meno del 30% di polline di lavanda, miele di trifoglio contenente soprattutto colza…

Il mio consiglio, se volete concedervi il piacere di un miele di qualità: compratene uno che non venga dall'altra parte del mondo, fuggite come la peste i primi prezzi, che per dello sciroppo di glucosio colorato sono già fin troppo alti, ed evitate le miscele dubbie senza un'origine chiara.

Ancora una cosa: è inutile cercare di stanare il miele cinese, per la semplice e buona ragione che non lo troverete! Si nasconde sotto termini vaghi come: EXTRA UE. Stranamente, nessuno mette in risalto questa origine.

Per quanto mi riguarda, in qualità di professionista del commercio di miele, non posso lamentarmi della Cina. Il fatto che qualche anno fa mi sia toccato distruggere due container contenenti una quantità di antibiotici tale da poter curare i tubercolotici di un intero sanatorio rimane una bazzecola irrilevante, rispetto ai profitti generati. I cinesi non dipendono dalle api o dalla meteorologia, per fare il miele. Perciò possono produrne grandi quantità e praticare prezzi che nessuno al mondo può battere.

Certo, la qualità del prodotto è mediocre, quando non decisamente scadente, ma la cosa non disturba nessuno. C'è un mercato per questo.

Potrei anche parlarvi delle vecchie batterie per auto che trovavamo ogni tanto in fondo ai fusti per aumentarne il peso, delle sostanze di cui vedevamo le tracce al microscopio ma che non siamo mai riusciti a identificare, o delle particelle di ruggine visibili a occhio nudo. Ma è così incredibilmente economico che i clienti tornano a chiedercelo. Cosa importa se questo miele ha uno strano sapore di lievito o di alcol perché è stato pastorizzato dopo aver fermentato? Cosa importa se contiene una certa quantità di ossidi di ferro provenienti da imballaggi non alimentari e se sul fondo della vostra tazza si forma un deposito nerastro quando lo usate per zuccherare il tè? Cosa importano gli antibiotici, il gusto sgradevole e la mancanza di piacere?

Costa poco!

16
Sulle tracce del pepe esausto

È stato grazie alla faccenda del peperoncino che sono stato nominato responsabile del settore spezie. Ero responsabile della compravendita di migliaia di tonnellate di pepe, noce moscata e cannella provenienti da ogni angolo del mondo. Viaggiavo in paesi esotici alla ricerca di stock interessanti e di nuovi partner commerciali.

Ogni tre mesi, tutti i responsabili di un settore dell'Azienda dovevano sottoporsi all'esercizio del "gran varietà". Uno dopo l'altro, presentavamo i nostri risultati del trimestre (oggi si dice *quarter*) alla direzione e agli altri responsabili. Ognuno giustificava le proprie scelte, esponeva la sua strategia, rispondeva alle eventuali domande e subiva critiche o persino rimproveri. I miei risultati erano piuttosto onorevoli, e non temevo particolarmente quell'esercizio. Era una semplice formalità. Ma non avevo fatto i conti con il mio capo e con la sua sete di performance.

«È fiacco, non avanza abbastanza in fretta» attaccò lui a testa bassa ancora prima che io finissi la mia breve presentazione.

«Da quando ho preso le spezie abbiamo fatto sensibili progressi, sia come volume sia come valore» mi difesi.

«Storie! Siamo appena sopra la progressione naturale del mercato. C'è poco da vantarsi quando si avanza del 10%, se tutti fanno lo stesso. Non si vince il Tour de France restando nel gruppo. Voglio di meglio, molto di meglio. Cosa proponi per migliorare la nostra performance sul mercato?»

Tutti quanti avevano gli occhi puntati su di me, in un pesante silenzio.

«Dovremmo andare verso prodotti più trasformati, con più valore aggiunto. Alcuni concorrenti stanno già andando in questa direzione.»

«E per superare questi concorrenti? Che strategie possiamo adottare?» insistette.

Avevo l'impressione che volesse portarmi davanti a tutti verso una conclusione che lui aveva già in testa ben prima di quella riunione. Non c'erano scappatoie e cominciavo a trovare particolarmente inquietante la sua allusione al Tour de France.

«Per conquistare rapidamente e con agio delle quote di mercato c'è solo una leva» risposi chiedendomi dove volesse davvero arrivare.

«Il prezzo, è ovvio. Allora come facciamo ad abbassare i prezzi senza sacrificare il nostro margine? Come possiamo essere più furbi degli altri? Quali stratagemmi ci proponi?»

Cominciavo a capire e, per attitudine o per debolezza, o verosimilmente per entrambe, mi lasciai trascinare sulla strada che aveva aperto.

«Ogni tanto mi propongono delle bacche abortite o degli scarti, ma...»

«Prendiamo l'esempio del pepe» mi interruppe lui non appena ebbi articolato il mio "ma". «È il tuo prodotto più grosso. Cosa si può fare in concreto?»

«Possiamo comprare, per esempio in India, delle bacche di pepe abortite. Quelle che chiamano *pinheads*.»

«Sono molto meno care?»

«È facile che costino anche la metà, ma praticamente non hanno sapore e non sono piccanti.»

«È comunque pepe» fece notare il direttore finanziario, che non mi rivolgeva mai la parola quando lo incrociavo nei corridoi, preferendo tenere in serbo la sua lingua bavosa per le Weston in vernice dell'amministratore delegato.

«È una parte della pianta, sì» spiegai «ma tecnicamente non è pepe perché non ne possiede tutte le caratteristiche, fondamentalmente per via dell'assenza di piperina. l'olio essenziale caratteristico del pepe.»

«E se si mischiassero delle bacche abortite con del vero pepe?» domandò il mio capo, che non perdeva il filo.

«In questo caso» risposi «bisognerebbe tritare tutto, perché le bacche abortite sono molto piccole, più leggere e scolorite. Così otterremmo del pepe in polvere, con un sapore meno forte, povero in olio essenziale, di un grigio un po' più chiaro.»

«E molto meno caro» rilanciò il direttore finanziario.

«E le analisi?» chiese il mio capo, che da vero professionista del campo andava all'essenziale.

«Con un pepe non troppo vecchio, che abbia un buon tenore di piperina, se lo mischiamo al 20% o forse al 30% al massimo, dovremmo restare nella norma.»

«Esistono altre soluzioni per far abbassare ulteriormente il prezzo del pepe?» domandò il direttore finanziario.

«Mi hanno proposto anche del pepe esausto, è dieci volte meno caro del pepe vero, e anche della sansa di olive... Ma arrivare fino a questo punto mi sembra pericoloso.»

«Il pepe esausto? Si spieghi meglio!» ordinò il direttore generale.

«Si tratta del residuo del pepe dopo l'estrazione tramite solventi del suo olio essenziale. In un certo senso, possiamo paragonarlo ai fondi di caffè. Come nel caso dei *pinheads*, lo si potrebbe mischiare, forse al 10% o al 20%, con del pepe nero e restare comunque nella norma. Ma, con i residui d'estrazione, c'è il rischio di trovare tracce dei solventi chimici utilizzati, come l'esano, che con il vero pepe non dovrebbero avere niente a che fare.»

«E la sansa di olive?»

Il mio capo era trascinato dalla prospettiva di essere ancora più furbo dei più furbi tra i nostri concorrenti.

«È quello che resta dopo l'estrazione tramite solventi delle ultime gocce di olio d'oliva, in Spagna non costa quasi niente, in genere si usa come combustibile. Ma sembra che qualcuno ne metta un po' nel pepe in polvere. Solo che, siccome non proviene dalla pianta del pepe, è più facile da rilevare. E anche in questo caso, a cercarli, si rischia di trovarci dei solventi.»

«Grazie per queste spiegazioni, ha molto lavoro da fare» concluse il direttore generale.

Il giorno dopo, mandavo in India il mio primo ordine d'acquisto per un intero container di *pinheads*. Il mio fornitore me lo fatturava con l'appellativo di *light pepper berries* o "pepe leggero". I *pinheads* e il pepe intero venivano poi miscelati e tritati in Europa: in Spagna, in Francia o in Germania. Questo ci ha permesso di far diminuire sensibilmente il prezzo del nostro pepe macinato, e anche il suo sapore.

Di lì a poco, anche questa trovata si rivelò insufficiente. I nostri concorrenti avevano reagito con le stesse armi. Perciò abbiamo cominciato a importare pepe esausto. Sfortunatamente questo "pepe" conteneva tracce di esano e noi eravamo in balia di un'analisi che presto o tardi lo avrebbe rilevato. Per fortuna hanno fatto la loro comparsa delle nuove tecniche di estrazione. Adesso era possibile estrarre l'olio essenziale di pepe con l'anidride carbonica liquida, che non lasciava alcuna traccia. Una benedizione.

Ma anche questo diventò troppo costoso, così mi fu chiesto di acquistare in Spagna qualche lotto di sansa, ufficialmente per "pulire le macchine".

Poi, un giorno, tutto questo è diventato troppo costoso e troppo complicato, allora abbiamo cominciato a importare direttamente il nostro "pepe" macinato dall'India senza sapere bene come venisse fabbricato, ma sempre con analisi perfettamente conformi. Infine siamo passati a comprare dalla Cina e dal Vietnam un pepe in polvere grigio chiaro, senza sapore, per nulla piccante, ma a un prezzo imbattibile.

Tutto questo mi aveva lasciato esausto.

Il colmo è che questi "miglioramenti tecnici" sono sfociati nel paradosso per cui il pepe in grani interi ha finito per costare sensibilmente di più rispetto al pepe macinato.

Ora, io non ho mai visto la pianta del pepe produrre direttamente del pepe in polvere – anche se con gli OGM tutto sembra possibile... Dunque capite bene che, a rigor di logica, per fare la polvere bisogna incontestabilmente triturare un prodotto intero. Considerate le perdite e il lavoro supplementare: in teoria non può che costare *più* del prodotto intero di partenza. Eppure i nostri clienti – industriali, commercianti all'ingrosso e supermercati – sono sempre stati ben attenti a non fare domande su questo strano fenomeno, preferendo dirottare i loro acquisti dai prodotti interi, più cari, alle più economiche polveri. E la qualità e il sapore? Non lo so, non mi hanno mai chiesto niente in proposito fintantoché restavamo entro i limiti stabiliti per legge. Al limite, ma dentro.

Il nostro "pepe" era così ben piazzato, come prezzo, che ne vendevamo migliaia di tonnellate all'anno in tutta Europa, senza contare l'export, essenzialmente verso l'Africa, poco attenta alla qualità, visto che il prezzo era basso. Quanto a me, non avevo tempo di provare sentimenti, anche se mi irritavo quando, al ristorante con la bistecca o in aereo con il succo di pomodoro, mi servivano un pepe completamente insipido.

Non si mangiano tonnellate di pepe ogni giorno, mi direte voi. Ma non bisogna credere che solo il pepe sia esausto. No, no, no. La stessa cosa succede con tutti i tipi di spezie: cumino, chiodi di garofano, noce moscata, anice... e non solo. L'India ha fatto dell'estrazione degli oli essenziali una sua specialità, quindi logicamente è lì che l'Azienda faceva i suoi affari, a prezzi che sfidavano ogni concorrenza.

Magari, ingenuamente, penserete che queste siano pratiche marginali, casi isolati. Spiacente, ma vi state sbagliando di nuovo. Sappiate che, per esempio, società assai note in Spagna, nella regione della Murcia, sono specializzate nella produzione di peperoncino dolce (o paprika), a partire dai residui d'estrazione. Vale a dire di peperoncino dolce il cui olio essenziale (l'oleoresina capsicum) è stato estratto tramite solventi. È quest'olio che dà il suo colore caratteristico al *chorizo*. Conosco perfettamente la faccenda, ho comprato centinaia di tonnellate di quella porcheria, che mettevamo in piccole boccette di vetro o in graziose scatoline di metallo serigrafate e che i supermercati vendevano con margini del 100%.

Volumi considerevoli di prodotti esausti vengono esportati, alla luce del sole, in modo perfettamente legale. La prossima volta che andrete nel vostro supermercato di fiducia (o dal vostro distributore di surgelati di fiducia), fate un giro nel reparto dei semifreddi e guardate la composizione di certi gelati alla vaniglia. Scritto in piccolissimo, leggerete: "Baccello di vaniglia esausto, aroma, colorante". Ebbene sì, voi credete che quel bel gelato alla vaniglia, di un bel color panna, con i puntini neri dentro, sia stato fatto con della buona vaniglia in baccelli, tuffata nel latte ribollente perché gli aromi delicati profumino la preparazione, e che il tutto sia stato mescolato con amore alla maniera tradizionale dalle mani esperte di una lattaia del XVII secolo. Dovete smetterla di sognare davanti alle pubblicità in tv, cari miei.

La vaniglia esausta serve da "marcatore visivo" (tradotto: astuzia affinché sembri attraente, genuino, autentico). In realtà il gelato è un insieme di acqua, latte in polvere, aroma artificiale prodotto a partire da residui di pasta di carta, vaniglia esausta all'esano (solvente neurotossico e potenzialmente cancerogeno), colorante caramello E150d (zuccheri scaldati in presenza di solfito ammoniacale, potenzialmente cancerogeno e da evitare se si è sensibili ai solfiti) e altri additivi. Trattandosi di un prodotto destinato principalmente ai bambini, dico: «Complimenti!». Bisognava osare.

17

Un peperoncino troppo rosso per essere onesto

Tuttavia, a voler essere sinceri, c'è stato un affare che è finito male e nel quale non siamo stati per niente furbi.

Tutto era iniziato molto bene, come una bella fiaba per i bambini: c'era una volta un fornitore indiano con cui avevo fatto qualche affare. Mi propose gentilmente, in via del tutto amichevole, uno splendido peperoncino in polvere, a un prezzo che sfidava ogni concorrenza. I campioni erano magnifici; un bel colore rosso, il piccante presente senza essere troppo forte, e un sapore leggermente zuccherino. La Miss Mondo del peperoncino, un prodotto perfettamente adatto ai gusti europei.

Non c'è bisogno di analisi, sappiamo tutti perfettamente, io per primo, che è un prodotto che puzza. Per una ragione molto semplice: il prezzo di questo peperoncino non quadra per niente con la sua qualità visiva. Ha una consistenza molto fine e un colore splendido, brillante, quasi troppo bello per del peperoncino. Dovrebbe costare almeno il doppio di quello che lo pago.

Il suo colore è artificiale, su questo non c'è alcun dubbio. È poco piccante perché non contiene molto peperoncino vero, o comunque contiene una buona dose di peperoncino esausto da cui l'olio essenziale, la capsaicina, è stato estratto. Il gusto leggermente zuccherino, dato da un edulcorante intenso come l'aspartame o la saccarina, in quantità piuttosto bassa, serve a nascondere un retrogusto sospetto ma in modo tale che nelle analisi non vi sia traccia di zucchero, che con il peperoncino non c'entra niente. Gusto di cosa? Mistero.

Ma, da commercianti furbi che vogliono evitare fastidi, abbiamo fatto effettuare da un laboratorio accreditato dal COFRAC (Comitato francese per l'accreditamento) un'analisi di routine. Beninteso, tutti i parametri analizzati risultano essere perfettamente conformi. Conserviamo gelosamente quell'analisi, per poter dimostrare ai guastafeste che controlliamo coscienziosamente i nostri prodotti e che ci preoccupiamo della qualità, della sicurezza, eccetera eccetera.

Una volta che siamo coperti, nulla ci impedisce di mettere il nostro peperoncino sul mercato, cosa che ci affrettiamo a fare. Il prezzo è talmente competitivo che conquistiamo facilmente fette di mercato e i volumi trattati non tardano a diventare cospicui. Speculiamo su stock ingenti. Le settimane e i mesi passano, e vendiamo decine di container.

Questa storia meravigliosa avrebbe potuto non finire mai se, due anni dopo, un concorrente dalla mente malata e per nulla furbo non avesse fatto delle analisi approfondite per identificare il colorante che il fornitore aveva aggiunto. E finalmente ha smascherato il colpevole: un colorante tra i più simpatici e chimici del tipo Sudan rosso, solitamente utilizzato per dare una bella tinta rossa alle vernici e, per esempio, quel grazioso colore caratteristico del diesel. Decisamente non alimentare ma probabilmente non pericoloso nelle dosi utilizzate nel nostro peperoncino... anche se non posso affermarlo con certezza.

La DGCCRF (Direzione generale della concorrenza, del consumo e della repressione delle frodi) ne è stata informata e tutto il nostro stock di bel peperoncino è finito sotto sequestro. Abbiamo tentato in tutti i modi di giustificarci, di esibire i certificati d'analisi, ma non ne hanno voluto sapere e ci hanno costretti a distruggere tutta la merce, svariate decine di tonnellate che non chiedevano niente a nessuno. Tutto a spese nostre. Il che ci è costato quasi tutto il margine che avevamo fatto con quel prodotto. Errore!

Far distruggere quel bel peperoncino che i supermercati di ogni marchio si contendevano, e che eravamo riusciti a vendere persino a una delle più prestigiose gastronomie di lusso parigine, conosciuta in tutto il mondo, rappresentava un esempio perfetto di sciupio.

Tuttavia dobbiamo fare *mea culpa*. Ci siamo lasciati accecare dalla nostra vanità, gonfi di baldanza e di supponenza da scoppiare. Sapendo perfettamente che il peperoncino era adulterato, e che il rischio che la cosa presto o tardi venisse a galla era reale, non avremmo mai dovuto prenderne una quantità così grande.

Qualcuno penserà che avremmo dovuto cercare quello che non andava nel prodotto prima che i nostri concorrenti lo scoprissero, ma bisogna anche capire bene che noi non volevamo assolutamente conoscere la natura della truffa, perché saperlo ci avrebbe resi complici, mentre nell'"ignoranza totale" eravamo vittime. Il che, dal punto di vista penale, cambia le cose.

Una volta prosciugata la nostra migliore fonte di peperoncino, mi sono messo in cerca di una soluzione. L'ho trovata in Sudafrica. Bel paese. Pieno di gente furba.

Un industriale locale mi ha proposto un bel peperoncino, dal bel colore, piccante ma non troppo, e soprattutto economico. Stavolta abbiamo proceduto ad analisi approfondite sui coloranti. Eh sì, si può spiegare agli ispettori antifrodi che ci si è fatti fregare una volta, ma persino loro fiuterebbero qualcosa di losco se la faccenda si ripetesse.

Questo nuovo peperoncino non conteneva coloranti artificiali, ma era troppo a buon mercato, quindi necessariamente non troppo pulito. Ma di fatto le analisi erano buone. Perciò tutto ok, siamo ripartiti alla garibaldina. Un container, due container... andava tutto a meraviglia. Clienti contenti, azionisti in estasi, il mio capo al settimo cielo. E poi ci siamo resi conto che le analisi erano... troppo buone.

Può sembrare paradossale, ma alcuni parametri non possono essere "troppo buoni", anche un ispettore antifrode ci troverebbe da ridire. Per esempio, un formaggio deve contenere delle muffe vive. Se non ce n'è la minima traccia, la cosa è sospetta. Nel nostro caso, il peperoncino era quasi sterile. Non il minimo batterio, la minima muffa, né alcun altro microbo vivente, il che è possibile tramite un solo sistema di cui nessuno vuole sentir parlare: la ionizzazione. Per essere precisi, non è vietato, ma un prodotto irradiato deve essere dichiarato sulla confezione e naturalmente è invendibile, perché i consumatori non si fidano. Chissà perché nessuno vuole consumare prodotti irradiati. Eppure, la ionizzazione è il metodo di decontaminazione più efficace. Altri vantaggi: costa molto meno delle altre tecniche che permettono di trattare le spezie, non altera il colore come fa il vapore acqueo, che è la tecnica classica, e non lascia residui come i trattamenti chimici al bromuro di metile o la fosfina (un idruro di fosforo).

«Allora, capo, cosa facciamo?»

«Come, cosa facciamo? Cosa vuoi fare?»

«Be', questo peperoncino è ionizzato.»

«Ne sei sicuro? Hai delle prove?»

«È evidente, non c'è bisogno di prove, il peperoncino è sterile. È semplicemente impossibile, altrimenti.»

«Ascolta, non abbiamo prove, la tua è solo una supposizione e non si può accusare così un fornitore che magari è in buona fede.»

«Capo...»

«Cazzo, siamo gli unici a saperlo. Non devi fare altro che mischiarlo con del peperoncino cinese non molto pulito microbiologicamente, e le analisi finali saranno meno buone. Se ci fanno delle domande, diremo che li mischiamo per rendere omogeneo il gusto o il colore, questo tipo di spiegazione fumosa funziona sempre.»

«Ok.»

Mi dicevo che non sarei mai stato degno neanche di allacciare le scarpe al mio capo. Lui aveva talmente tanto senso pratico, era così logico, così sicuro di sé; era il MacGyver o il JR delle spezie.

Anche lì non abbiamo avuto fortuna. Il nostro furbo industriale sudafricano ha subito due anni consecutivi di siccità e, senza peperoncino da vendere, ha dovuto chiudere bottega. Ma rassicuratevi, per il peperoncino come per il resto, i partner furbi non mancano.

18
L'invasione delle coccinelle

Un giorno i nostri cari azionisti hanno deciso, vai a sapere perché, di comprare uno stabilimento di disidratazione nella Francia dell'ovest. Be', anche se dico che non conosco il motivo, ho comunque un'ideuzza in proposito, visto che "comprare" non è il termine opportuno da usare in questa circostanza. Perché, in realtà, il rilevamento di questa società sull'orlo del fallimento è stato pagato solo con delle promesse. Promesse di salvaguardia dei posti di lavoro, promesse di realizzare nuovi investimenti e promesse di risarcimento di tutti i debiti accumulati dalle gestioni precedenti. Il tutto, beninteso, condizionato ai buoni risultati futuri che, era pressoché certo, sarebbero arrivati molto in fretta. Per farla breve: chiacchiere. Per l'acquisto, quindi, non abbiamo pagato niente: il che, a priori, sembrava un ottimo affare.

Ma, per vostra informazione, sappiate che rilevare un azienda non è mai una cosa facile, e che diventa un'operazione decisamente rischiosa quando quest'ultima è moribonda. Un'azienda in modalità sopravvivenza non ha più i mezzi per investire, per mantenere correttamente in buono stato il suo materiale, per pagare normalmente i dipendenti, i fornitori...

Quindi, del tutto logicamente, ci siamo ritrovati proprietari di un mezzo di produzione superato, guasto per la metà del tempo e gestito da un personale completamente demoralizzato. Del resto, erano rimasti lì soltanto quelli che non erano riusciti ad abbandonare la nave prima del naufragio, ossia la peggiore banda di incompetenti che mi sia mai capitato di incontrare in tutta la mia vita (spiacente per quelli che potranno riconoscersi, niente di personale).

Per chi non lo sapesse, un'unità di disidratazione è semplicemente una fabbrica in cui si mette in atto un processo che toglie l'acqua contenuta nei vegetali (verdura e frutta destinate agli esseri umani, erba medica e vari altri tipi di foraggio per il bestiame). Questa tecnica permette semplicemente, e naturalmente, di conservare questi prodotti deperibili. Enormi forni producono un'aria molto calda e molto secca, che viene soffiata sul prodotto e così lo essicca. È una cosa banalissima, una specie di grosso asciugacapelli, in pratica.

Ci può essere qualche variazione a seconda della tipologia, ma in media un vegetale disidratato pesa circa il 10% del suo peso iniziale. Quindi, per esempio, vi servono circa dieci chili di porri freschi per ottenere un chilo di fiocchi di porro disidratato. Questi vegetali secchi si ritrovano poi in una moltitudine di prodotti finiti come le minestre in busta, i misti di piante aromatiche e di spezie in boccette o bustine, i formaggi freschi al prezzemolo, all'aglio o all'erba cipollina, le salse o le preparazioni di carne...

Siccome avevo una buona esperienza nel campo del commercio, dall'oggi al domani mi sono ritrovato con l'incarico di vendere la produzione di questa fabbrica all'export. I miei mercati erano essenzialmente gli Stati Uniti per il prezzemolo, l'erba cipollina e il basilico, e la Germania per i medesimi prodotti più qualche altro, come i porri, molto apprezzati al di là del Reno.

I nostri obiettivi erano come sempre ambiziosi e, grazie a una tecnica di vendita sofisticata tra le più innovative, che gli esperti chiamano "prezzi stracciati", in due settimane avevo venduto tutto quello che avremmo potuto teoricamente produrre in un anno. Secondo i nostri criteri, un buon lavoro.

Ahimè, con il nostro gruppo di incapaci, le nostre macchine obsolete e ferme per la maggior parte del tempo, eravamo sempre in carenza di prodotti e i nostri clienti si lamentavano per i ritardi nelle consegne. E fosse stato solo questo! Perché quella situazione benedetta, in cui dovevo gestire solo problemi di tempi e ritardi, non durò a lungo. Quando notai che le nostre scorte aumentavano a una velocità vertiginosa, mentre noi ai clienti consegnavamo la merce con il contagocce, alzai il telefono per chiedere spiegazioni al colonnello meno apatico dell'esercito messicano che mandava avanti la fabbrica.

«Pronto, Pedro? (Il nome è stato cambiato, perché sono un ragazzo gentile) Ho sempre più ritardi nelle consegne, la cosa sta diventando grave, perderemo dei clienti e ci beccheremo le penali. Dobbiamo fare qualcosa, e in fretta!»

«Abbiamo dei problemi alle macchine, stiamo facendo tutto il possibile ma non possiamo produrre più in fretta.»

«Sì, lo so, ma vedo sui miei elenchi che le scorte aumentano e non capisco perché. Bisogna mandare questi prodotti al più presto.»

«No.»

«Come, no? Perché no, Pedro?»

«Questi lotti sono ancora bloccati... ci vuole tempo... i controlli della qualità... le analisi...»

«Ma io vedo sulla mia lista che ci sono dei lotti che sono stati prodotti già da più di un mese!»

«Sì, ma finché la qualità non dà il via libera, i lotti restano bloccati. Siamo certificati, non facciamo le cose a vanvera, qui.»

«Pedro, conosco molto bene le procedure qualità e so che ci vuole meno di una settimana per fare il controllo completo. O c'è un problema con questi lotti, o avrebbero dovuto essere tutti sbloccati da molto tempo.»

«...»

«Pronto, Pedro?»

«Sì.»

«C'è un problema con questi lotti oppure no?»

«No, no... vanno bene, nessun problema.»

«Allora dai una strigliata a quelli della qualità perché me li sblocchino subito e poi li consegni ai nostri clienti, ok?»

«Ok.»

Avrei dovuto sospettare che mi stesse raccontando delle balle, dal suo tono di voce e dai suoi silenzi. Infatti avevamo appena consegnato uno dei lotti in questione a un cliente tedesco, un bavarese solitamente affabile, quando quest'ultimo mi telefonò, pazzo furioso, minacciando di trascinarci in tribunale e, cosa ancora più grave, di non pagarci!

Parlavamo in inglese, perché le poche parole di tedesco che capisco, tratte da un capolavoro come *Tre uomini in fuga* sfortunatamente sono di scarsa utilità negli affari. Dunque il mio interlocutore mi minacciava nella lingua di Shakespeare e nello stesso tempo, in mancanza di un vocabolario padroneggiato a sufficienza, mi insultava in quella di Goethe.

Si rifiutò di dirmi cosa non andava, facendomi notare

che non potevo avergli consegnato «*such a Scheisse*» (traduzione letterale: "una merda del genere") se non intenzionalmente, per imbrogliarlo. Dopo avermi fissato un ultimatum di due giorni, durante i quali dovevo recuperare tutta la mia *Scheisse* e consegnargli in cambio dei lotti conformi, mi riattaccò in faccia lasciandomi mezzo sordo da un orecchio.

Quella sera stessa presi l'aereo con il mio elenco sottobraccio, e l'indomani mattina alle otto ero già nel magazzino della fabbrica di disidratazione, accompagnato dal mio futuro ex amico Pedro. Che sfoggiava una faccia da giornata no, proprio come me.

Per più di mille metri quadrati e lungo cinque ripiani di scaffalature metalliche (che nell'industria si chiamano "*rack* di stoccaggio"), centinaia di pallet alti più di due metri pieni di scatole di cartone o di grossi sacchi di carta da imballaggio a triplo spessore giacevano perfettamente allineati, tranquilli... mentre i miei clienti aspettavano quei prodotti con la lingua fuori!

«Bene, Pedro, esamineremo una scatola presa a caso, del primo e dell'ultimo pallet di tutti i lotti che sono in magazzino da più di dieci giorni.»

«Ci prenderà tutta la giornata, e io ho anche altro da fare» grugnì lui. «Sarebbe meglio prendere un pallet dal centro, a caso.»

«No, facciamo come ho detto. Ti dirò i numeri dei pallet che voglio vedere, tu li tirerai fuori dal *rack*, e sceglierò io stesso uno scatolone su ciascuno di questi pallet, non su altri.»

Non ero nato ieri e, se insistevo per vedere il primo pallet, era perché sapevo perfettamente che, quando si controlla male il processo, è all'inizio che il prodotto corre il rischio maggiore di essere diseguale e difettoso. È quando si lancia una produzione che si regolano le macchine, si procede per tentativi, la merce prodotta è irregolare e i parametri non sono ancora tutti stabilizzati. Anche l'ultimo pallet poteva essere interessante, perché alcuni processi sono delicati da stoppare senza alterare il prodotto. Con file di forni e di essiccatoi industriali di più di cinquanta metri, non basta premere un bottone perché tutto si fermi all'istante.

Finalmente sarei riuscito a capire, a vedere. E, per quel che riguarda il vedere, sono stato servito a dovere, i miei occhi ne hanno avuto d'avanzo. In una sola giornata, ho avuto l'opportunità di vedere tutti i tipi di difetto che era possibile produrre nella gloriosa industria della disidratazione. E vi dirò che, da questo punto di vista, fin dalla primissima scatola si era mirato molto in alto.

Logicamente, avevo voluto iniziare la mia ispezione dalla cosa più urgente, la partita di porri tagliati in fiocchi di un centimetro quadrato che il mio cliente bavarese si rifiutava di pagare. Su un lotto di 30 tonnellate, il mio cliente ne aveva ricevute 10, quindi da noi in magazzino ne restavano 20 che dovevano essere della medesima qualità.

Pedro mi tese una scatola di cartone che pesava esattamente 10 chili netti, e come la aprii… era vuota! O meglio, non proprio vuota vuota… C'era effettivamente qualcosa, sul fondo, e la scatola era pesante…

La capovolsi per svuotarla e una specie di spessa focaccia pesante una decina di chili, delle stesse identiche dimensioni della scatola, cadde sul cemento con un rumore sordo. Fissai stupefatto quel coso.

«Cos'è questa roba?»

«Porro» rispose Pedro, per nulla stupito, come se tutto quanto fosse normalissimo.

«Non prendermi per un idiota» dissi, più sorpreso che arrabbiato.

Mi chinai sulla focaccia e cominciai un esame più approfondito. Era vagamente verdastra, compatta ma nello stesso tempo elastica. Una nuova materia?

Nell'amalgama, si riuscivano a indovinare senza sforzo dei pezzi da un centimetro che sembravano piccoli francobolli, ma erano tutti appiccicati gli uni agli altri a formare quella strana massa. Alcuni pezzi nero-bruni sembravano completamente bruciati, mentre altri, verde scuro, erano ancora umidi, e il tutto era agglomerato da filamenti bianchi di muffe di grande effetto.

«Com'è possibile produrre un porro umido e bruciato nello stesso tempo?»

«È normale, è un inizio di produzione, stavamo regolando la temperatura del forno e il flusso dell'aria. L'aria troppo calda ha un po' tostato il prodotto, ma non ha fatto in tempo a essiccarlo perfettamente.»

«Pedro, come puoi dire che è normale? È completamente andato, buono per la pattumiera. I miei clienti se ne sbattono se l'aria è troppo calda, vogliono un porro che sia commestibile. Apriamo un'altra scatola presa da un altro pallet dello stesso lotto.»

Il prodotto nella seconda scatola era meno compresso. Il porro sembrava ben asciutto e di miglior qualità, a parte il fatto che il colore di alcuni pezzi era un po' spento e virava al bruno. Probabilmente un'aria ancora un po' troppo calda che avrà abbrustolito il... no... strano, il colore bruno sembra essere in realtà una specie di pellicola, una polvere che si può togliere... ma è terra!

«Il prodotto è pieno di terra! Pedro, come cazzo siete riusciti a fare una cosa del genere?»

«La colpa è dei contadini, i campi erano fangosi e hanno consegnato degli stock di porri freschi tutti sporchi.»

«E allora? Che la verdura arrivi sporca di terra può succedere. Perché non li avete lavati, prima di essiccarli?»

«Ma rifletti! Se si lava, si bagna il prodotto. E più il prodotto è umido, più è difficile da essiccare.»

Ero a terra (senza giochi di parole).

«Quindi, siccome è più difficile da essiccare, producete del cibo pieno di terra! E vi aspettate che i clienti non se ne accorgano e non dicano niente?»

Il seguito dell'esame del lotto di porri mi tolse ogni speranza di trovare anche solo un pallet di qualità accettabile. Le 20 tonnellate in magazzino, e certamente anche le 10 del mio cliente, erano semplicemente invendibili, almeno così com'erano. E rendetevi conto che, per ottenere quelle 30 tonnellate di porri essiccati, era stato necessario disidratare una quantità dieci volte maggiore di porri freschi, ossia 300 tonnellate!

«Ok, Pedro, i porri li ho visti. Ora passiamo al prezzemolo riccio. A meno che tu non mi dica subito qual è il problema, così guadagniamo tempo...»

«Il prezzemolo riccio va bene.»

Devo dire che ci avevo creduto. Mi ero detto che non poteva essere così stupido da mentirmi mentre stavo per procedere al controllo. Eppure...

«Ok, allora guardiamo la prima scatola.»

All'inizio mi rassicurai. Il prezzemolo riccio disidratato che smuovevo dolcemente con una mano, tagliato in fiocchi da 6 a 8 millimetri, non era né umido né bruciato e non vedevo tracce di terra. Il colore era giusto, un bel verde, e il taglio netto e omogeneo dalla cima della scatola al… ah, no, sul fondo è diverso… dei gambi… Cazzo, è pieno di gambi!

«Ma Pedro, perché mi dici che va bene se il fondo della scatola è pieno di gambi?»

«È normale che ci siano dei gambi, è prezzemolo, non si può avere solo la foglia.»

«Ma insomma, non mi dire che è normale, altrimenti la qualità non avrebbe bloccato le scatole. Superiamo largamente la percentuale di gambi autorizzata dal capitolato d'appalto. Sai bene qual è il problema, allora perché aspettare che sia io a scoprirlo o, peggio ancora, che siano i clienti ad accorgersene?»

«…»

Stavolta Pedro mi teneva chiaramente il broncio, dalla sua bocca non usciva più una parola.

Bisogna capire che, una volta confezionati, i prodotti tagliati o in polvere tendono a separarsi in base alla loro densità. Così, le particelle più pesanti, come i sassolini o, nel caso del nostro prezzemolo, i gambi, finiscono per la maggior parte sul fondo delle scatole.

«Va be', ok, allora passiamo all'erba cipollina. Suppongo che mi dirai di nuovo che il lotto è conforme e che è la qualità a sbagliarsi.»

«…»

«Bene, vediamo questa… A prima vista sembra a posto, almeno in superficie… Il colore è ok, l'odore va bene… Niente terra… Niente di bruciato… Vediamo in mezzo alla scatola… Ah… è tagliata maluccio, dipende dai pezzi, ma forse può essere ancora accettabile… E in fondo… è tutta tagliuzzata e chiaramente spappolata… con tracce di muffa!»

«...»

«Bene, l'erba cipollina è fottuta. Finiamo col basilico. Vuoi lasciarmi il piacere della scoperta?»

«...»

«Be', mi sembra che questo basilico vada bene. Un bel colore, odore fantastico, taglio ok. Ed è regolare dalla cima della scatola fino in fondo. Perché è bloccato? Un difetto che non si vede? Hanno trovato pesticidi o metalli pesanti?»

«No, quanto a pesticidi è pulitissimo...»

To', ha ricominciato a parlarmi.

«Allora cosa c'è che non va in questo lotto? Perché è ancora bloccato? Io non... Guarda, cos'è quel puntino rosso? ... Ah, solo una piccola coccinella smarrita, tutta rinsecchita, poverina... ma... Ah, eccone un'altra... e un'altra... e un'altra... e un'altra ancora... Ok, va bene, ho capito.»

Al termine dell'ispezione, la totalità dei lotti bloccati dal servizio qualità che dormivano nei nostri magazzini da settimane, ossia più di 100 tonnellate di prodotto, si rivelò completamente invendibile. Il tutto rappresentava più di 1.000 tonnellate di prodotti freschi, e una somma di denaro considerevole.

Pedro, che da quel momento tutti noi soprannominammo "lo psicopatico", è stato cacciato via in meno di una settimana. Stando alle ultime notizie, adesso imperversa da un produttore di minestre di verdura di cui non tengo certo a gustare la produzione, soprattutto la serie "porro, patata, coccinella".

L'unica soluzione che ci restava per non buttare ogni cosa nell'immondizia era di tritare finemente tutto ciò che si poteva. Di atomizzare, per far scomparire le graziose coccinelle, i gambi di prezzemolo, il porro ammuffito e terroso e l'erba cipollina a brandelli. Sfortunatamente, come adesso sapete anche voi, le polveri valgono molto meno dei prodotti interi o in pezzi, perché vengono fabbricate con prodotti di seconda scelta e sottoprodotti.

Queste polveri venivano quindi vendute a un prezzo che, in conclusione, risultava molto inferiore rispetto al costo di produzione. Ciò limitava le nostre perdite, certo, ma nell'insieme con quella fabbrica ci rimettevamo comunque dei soldi. E non pochi, perché lotti non conformi continuavano a essere prodotti ogni giorno mentre, nello stesso tempo, eravamo incapaci di consegnare ai nostri clienti dei prodotti corretti.

Amico consumatore, non posso dunque che incoraggiarti una volta di più a evitare i prodotti tritati e polverizzati. Non c'è niente di più facile che farsi il minestrone da soli e, credimi, è molto più sano.

Il mio cliente bavarese mi ha rimandato la nostra *Scheisse*, e a nostre spese, il tutto accompagnato da una mostruosa fattura piena zeppa di penali. In seguito si è definitivamente rifiutato di parlare ancora con me, sia in inglese sia in tedesco.

Con quell'impianto non siamo mai riusciti a ottenere lotti di buona qualità a un costo di produzione ragionevole. Dopo aver perso dei milioni, abbiamo finalmente gettato la spugna e rivenduto la fabbrica per un soldo a un industriale poco furbo convinto di concludere un ottimo affare. Tuttavia, ha finito per chiuderla nel giro di qualche mese, dopo averci disidratato tutta la sua liquidità.

19
Erba da sballo… per la pizza

«Cazzo, abbiamo un problema con l'origano, siamo troppo cari, perdiamo mercati. Ci hanno buttato fuori dalla gara d'appalto di PizzeVarie a vantaggio di SpezieCorp.»

La cosa che il mio boss odia di più al mondo è che i concorrenti si dimostrino più furbi di noi e ci rubino i *nostri* clienti.

«Non capisco, capo,» mi difesi «siamo sul mercato. Il nostro prodotto è di buona qualità, siamo grandi compratori, e ho dei buoni prezzi. Ne ho appena fatti entrare due container.»

«Dobbiamo riuscire a capire cosa sta succedendo o perderemo altri clienti. Il committente di PizzeVarie è un amico e mi ha promesso un campione del prodotto di SpezieCorp. Andrai in Turchia con quello e troverai una soluzione per farci tornare competitivi.»

È così che, qualche giorno dopo, mi sono ritrovato a Smirne, a svolgere un'inchiesta negli impianti per il trattamento dell'origano – *kekik* in turco –, con il compito di trovare i fornitori più furbi sulla piazza.

Bisogna capire bene la posta in gioco. L'origano non è un prodotto qualsiasi, è una delle erbe aromatiche più consumate. È quella che regala il loro sapore caratteristico alle pizze e a numerosi piatti italiani e mediterranei. Come potete immaginare, i volumi sono decisamente considerevoli.

Certo, si trova ancora un po' di origano selvatico di ottima qualità in Albania, ma oggi il principale paese produttore è la Turchia, perché lo coltiva su vasta scala. È meno buono, sicuramente, ma anche molto meno caro. Ed è a Smirne che avviene tutto: lì ci sono gli stabilimenti e i commercianti all'ingrosso più importanti.

L'acquirente di PizzeVarie era stato di parola. Mi portavo dietro un sacchetto di plastica con dentro circa 200 grammi di origano essiccato che arrivava direttamente dal nostro concorrente troppo furbo. Avevo previsto di far vedere quel campione a tutti i miei contatti per saperne un po' di più, e mi sentivo nei panni di un trafficante che cerca di spacciare la sua droga. «Hai qualcosa per me?»

Esaminando il mio campione, Hamdi, il primo fornitore che ho incontrato, ha subito sorriso.

«Sommacco!» ha esclamato.

«Scusa?»

«Dovevi dirmelo subito che cercavi una miscela di origano e sommacco, posso farti la composizione che vuoi in base al prezzo che desideri pagare.»

«Cos'è il sommacco?»

«Beviamoci un tè, e intanto il mio laboratorio ti preparerà dei campioni che potrai portar via. Vedendo, capirai meglio.»

Abbiamo sorseggiato tranquillamente un tè nero e molto zuccherato, accompagnato da albicocche secche, fichi e biscotti alle mandorle e pistacchi. Molto buono. I commerciali turchi sanno ricevere, mica come i francesi, piuttosto tirchi in generale e di cui un'infima minoranza vi servirà nella migliore delle ipotesi un caffè in un bicchierino di plastica.

Dopo qualche minuto passato a lamentarci del tempo e dei politici e a commentare gli ultimi risultati della Champions League, un laboratorista in camice bianco è venuto a interromperci.

«Bene, è pronto, seguimi» mi ha invitato Hamdi.

Preceduti dal tecnico, abbiamo raggiunto un vasto locale pieno di attrezzature, il laboratorio. Su un grande piano d'appoggio bianco piastrellato c'erano sei mucchietti color verde un po' sbiadito di quello che sembrava essere origano.

«Il mucchio più a sinistra è origano puro» mi ha detto Hamdi indicandolo col dito. «È quello che mi stai comprando attualmente. Una qualità molto buona della regione egea e dell'Anatolia. Quello un po' più a destra ne contiene solo l'80%. Quello dopo il 60%, poi il 40%, il 20%, e l'ultimo non ne contiene più del tutto. L'origano che abbiamo tolto è stato sostituito con il sommacco, una pianta locale.»

Ho guardato i piccoli mucchi verdi. Mi sembravano tutti identici.

«Non vedo nessuna differenza.»

«È perché non guardi bene e non sai cosa cercare. Fa' come me.»

Ha preso un pizzico di prodotto dal mucchio senza origano e ne ha sfregato le foglie tra le dita, schiacciandole prima di annusarle.

Io l'ho imitato.

«Allora?» mi ha chiesto.

«Non profuma per niente, o quasi.»

«Esatto, il sommacco non ha oli essenziali come l'origano. Non ha odore e neanche sapore. È un'erba qualsiasi. Non pericolosa, ma neanche profumata.»

«A parte questo dettaglio, è molto simile, Hamdi.»

«Sì, le foglie di sommacco essiccate e tagliate assomigliano molto a quelle dell'origano, è per questo che viene spesso mischiato all'origano per abbassare il prezzo. Ma, se guardi bene, nell'origano coltivato vedrai delle palline che nel sommacco non ci sono.»

«Quindi il campione che ti ho fatto vedere contiene questa pianta, il sommacco?»

«Sì, senza ombra di dubbio. Intorno al 40%, direi.»

«Lo si dovrebbe capire con più precisione misurando l'olio essenziale, no?»

«È molto difficile, perché la quantità di olio essenziale dell'origano cambia in base alla varietà, al clima, alla data di raccolta, alle condizioni di stoccaggio, insomma a numerosi parametri. In più, l'olio essenziale col tempo svanisce, evapora. Perciò puoi avere un origano vecchio di due o tre anni, perfettamente puro, che non avrà quasi più olio e quindi quasi nessun profumo.»

Era chiaro che avevo appena scoperto il trucco utilizzato dal nostro concorrente per essere più economico di noi.

«Ok, Hamdi, e quanto costa questo sommacco?»

«Il sommacco puro, senza olio essenziale, fa 2 euro al chilo.»

«Mentre l'origano di buona qualità oggi vale più di 5 euro, giusto?»

«Sì, tu fai la miscela che vuoi per ottenere un prodotto tra i 2 e i 5 euro. Ma non bisogna far scendere troppo la percentuale di origano, altrimenti non avrai più abbastanza sapore.»

Sono tornato in Francia con i sei campioni nella valigia. Io e il mio capo ci siamo divertiti a fare i nostri miscugli personali, più precisi, per adattarci meglio alle esigenze di prezzo e di qualità di ciascuno dei nostri clienti. Una volta stabilita la composizione, non mi restava che chiamare Hamdi per fare il mio ordine. Naturalmente, la parola "sommacco" era severamente proibita e sostituita da *kekik*. Ci si intendeva lo stesso, e in fondo non si sa mai:

«Buongiorno, Hamdi, mi servono due container di origano. Questa volta iniziamo con 55/45… Sì, 55% di origano varietà classica e 45% varietà *kekik*…»

Sfortunatamente, il nostro concorrente, vedendoci di nuovo competitivi, ha trovato un altro modo per abbassare di più i suoi prezzi. Allora abbiamo subito mandato un campione a Hamdi per capire come facesse.

«Pronto, sono Hamdi.»

«Hai esaminato il nuovo campione di origano di SpezieCorp?»

«Sì, contiene una buona quantità di sommacco… e delle foglie giovani di ulivo tagliate.»

«Delle foglie di ulivo! E quanto costano, Hamdi?»

«Le posso avere per meno di 1 euro al chilo…»

20
Lo zafferano, regina delle spezie

Nella famiglia di mia moglie, nessuno lavora nel settore alimentare. Quindi, come la stragrande maggioranza dei consumatori, sono le vittime perfette. Il cugino di mia moglie, di ritorno dalle vacanze in Marocco, ci ha tenuto a mostrarmi a tutti i costi, oltre a certe orribili fotografie in cui lo si vede appollaiato su un dromedario male in arnese, una scatolina di legno che custodiva come un tesoro.

«Tu che sei un esperto di spezie, questo ti interesserà.»

Aprì dunque la scatola con cautela e con un gran sorriso sulle labbra.

«Zafferano puro del Marocco! L'ho comprato da un piccolo produttore nel suq di Marrakesh. Lui e la sua famiglia lavorano ai piedi dell'Atlante.»

«E l'hai pagato tanto, il tuo zafferano?»

«Stai scherzando? Ho fatto un affare, 50 euro, compresa questa graziosa scatoletta di legno. Ma ho contrattato come un pazzo, all'inizio ne voleva 200.»

«Sicuramente per lo zafferano non è affatto caro. Per il fiore di cartamo, invece...»

«Eh?»

«Il tuo "zafferano del Marocco" è fiore di cartamo essiccato... Per 50 euro posso fartene avere svariati chili.»

Lo zafferano merita senza alcun dubbio un capitolo a sé. È *il* prodotto che nella mia carriera ho visto contraffare più spesso. E, credetemi, ne ho viste tante. D'altronde è perfettamente logico, perché è la spezia più cara al mondo. Il prezzo di vendita al consumatore può superare i 6.000 euro al chilo per lo zafferano iraniano (un'ottima origine), e persino i 40.000 euro al chilo per quello francese. È facile capire come tutto ciò possa suscitare una certa bramosia.

Prezzi così alti si spiegano facilmente, perché ci vogliono non meno di 150.000 fiori per ottenere appena un chilo del prezioso stigma. Provate a immaginare: 150.000 fiori da piantare e da raccogliere, 150.000 mazzi di stimmi da togliere delicatamente dal fiore, essiccare e confezionare. E tutto questo va fatto un fiore per volta, a mano. Scusate se è poco.

Per quanto riguarda lo zafferano venduto intero, sotto forma di filamenti, che si trova di solito nei mercati all'aperto, in Provenza o a Marrakesh, la truffa – grossolana – consiste nel far passare per zafferano i petali di cartamo o di calendula. L'aspetto può essere vagamente simile, il colore ocra che tende all'arancione anche, ma a livello di gusto e di potere colorante non valgono niente in confronto allo zafferano vero, il *Crocus sativus*.

Quello che i turisti come il cugino di mia moglie portano a casa a piene mani dalle loro vacanze a Marrakesh, pensando di aver fatto l'affare del secolo, è molto semplicemente fiore di cartamo venduto come "zafferano del Marocco". A quelli di voi che passano le vacanze in Tunisia, in Algeria, in Egitto o in Turchia, lascio il compito di modificare i nomi dei luoghi.

Il cartamo non è pericoloso ed è da sempre utilizzato in

cucina. Potete tranquillamente comprarlo, soltanto state attenti a pagarlo il giusto prezzo. Distinguerlo dallo zafferano vero a fili interi non è così difficile. Date un'occhiata su internet per vedere che aspetto ha.

Una truffa frequente e più elaborata consiste nel colorare un filamento – che può essere di seta, di cotone, di barba di granturco o di un'altra fibra vegetale – con curcuma e/o altro colorante artificiale. Un acquirente esperto non ci cascherà, ma alcuni falsari sono molto dotati e possono fregare un novellino. Per non parlare del consumatore medio.

Una variante più sofisticata consiste nel colorare il bianco di zafferano. I filamenti di zafferano, infatti, sono naturalmente bianchi alla base, poi giallo chiaro, giallo aranciato e infine rossi all'estremità. Solo la parte rossa dei filamenti, ricca di pigmenti e aromi, può essere chiamata "zafferano". Il bianco di zafferano fa tecnicamente parte della pianta di zafferano ma, non avendone né il colore né il gusto, non ha diritto a quell'appellativo. Se la cosa è fatta bene si può rimanere ingannati, perché niente assomiglia a un filamento di zafferano... più di un altro filamento di zafferano.

Infine, ci sono gli artisti, i maghi della truffa. A me, professionista esperto di spezie, è capitato di farmi fregare alla grande e di scoprire certe frodi solo in seguito a una serie di analisi approfondite, e persino molto tempo dopo che lo zafferano era stato venduto e consumato. I frodatori più furbi mischiano falso zafferano con zafferano vero, usano coloranti artificiali che, se analizzati, si comportano come i coloranti naturali dello zafferano. Questo rende l'inganno più difficile da smascherare, perché le analisi di routine non rileveranno niente di anormale.

A meno che non compriate una marca conosciuta, vi consiglio di evitare lo zafferano in polvere. Un compratore professionista di zafferano compra solo filamenti, unicamente perché le frodi sono più facili da smascherare.

È con le polveri che si verificano le frodi più estreme. Alcuni fornitori sono senza scrupoli e completamente pazzi. Non esitano a mischiare ingredienti come mattone polverizzato, coloranti cancerogeni vietati, sostanze minerali o metalliche ecc., creando miscugli di polveri impossibili da identificare.

L'immaginazione dei truffatori è illimitata e quando si vuol comprare dello zafferano ci si trova a fronteggiare tutto questo. Eccovi avvisati.

21
Ci prendiamo cura delle vostre cipolle

Un lunedì mattina, vidi piombare su di me il mio boss tutto raggiante. Durante il fine settimana aveva cucinato con sua moglie e aveva avuto una rivelazione. No, non divorziava, non aveva nulla a che vedere con sua moglie, ma con un ingrediente.

«Guarda qui» mi disse tutto eccitato mettendomi sotto gli occhi due bulbi di cipolla.

«Cipolle? Avrei preferito dei croissant.»

Conoscevo bene il mercato delle cipolle perché ne trattavo grossi volumi, e proprio non capivo dove volesse arrivare. Il nostro business per quanto riguardava cipolle e scalogni consisteva nell'acquistarli freschi in Francia, Olanda, Germania e Polonia, e di mandarli su camion nelle fabbriche di mondatura, in Polonia. Sbucciare delle cipolle è un lavoro che richiede moltissima mano d'opera, perché per una resa perfetta non può essere automatizzato. Sappiate dunque che la maggior parte delle cipolle e degli scalogni coltivati in Europa vengono inviati in Polonia per esservi sbucciati a mano prima di tornare nei loro paesi d'origine. Il costo del trasporto, aggiunto al costo della trasformazione realizzata in Polonia, è meno elevato rispetto a quello della stessa prestazione lavorativa eseguita direttamente nei luoghi di produzione. Non è molto ecologico, ma è così. Tutte le cipolle che ritroviamo nei nostri piatti pronti industriali (salse, pizze, insalate, minestre), migliaia di tonnellate di bulbi, vengono sbucciate da manine dell'Est.

«Guarda meglio» insistette.

Esaminai attentamente le cipolle, i cui vapori mi pizzicavano gli occhi, mentre l'odore faceva scempio del mio caffè mattutino...

«Be', il bulbo più piccolo, un po' allungato, è uno scalogno, e l'altro una cipolla rosa di tipo lungo, un'*échalion*, volgarmente chiamata "scalogno coscia di pollo".

«Esatto!» rispose con un largo sorriso. «Uno scalogno di Bretagna, di Saint-Pol-de-Léon, che costa un occhio della testa, e una cipolla rosa polacca, che costa tre volte di meno.»

«Sì, conosco il prezzo, ma l'*échalion* è una cipolla, non un vero scalogno. Se lo scalogno è più caro, è perché le rese sono minori, perché è più difficile da coltivare, e soprattutto perché il gusto è molto migliore.»

«E se si potesse vendere la cipolla al prezzo dello scalogno?» insistette.

«Sarebbe magnifico, ma nessuno scambierà una cipolla per uno scalogno» ribattei con un'alzata di spalle. «Già visivamente sono diversi. L'*échalion* è più grande, il colore non è assolutamente lo stesso, e neanche la forma.»

«Allora...» disse posando i bulbi su un foglio di carta e tirando fuori un taglierino dal cassetto della sua scrivania «...bisognerà trasformare queste cipolle...» continuò tagliando i bulbi a rondelle prima di farli a pezzi «...in scalogni!» concluse mostrandomi i cubetti.

Esaminai i due mucchietti grigiastri disseminati di frammenti rosa-rossi.

«Sì, così si assomigliano abbastanza.»

«Una volta surgelate, o ancora meglio disidratate, nessuno potrà notare la differenza.»

«E il sapore?»

Mi fissò per due secondi con uno sguardo che voleva dire qualcosa del tipo "Ma sei scemo, ragazzo mio, o lo fai apposta?", poi riprese con tono baldanzoso: «Non ti preoccupare per il sapore. Vedrai che se vendiamo dello scalogno il 10 o il 20% sotto il prezzo di mercato, nessuno si lamenterà, anche se è un po' scipito.»

E aveva proprio ragione, il mio capo. Una strategia alla cinese.

Abbiamo venduto qualche migliaio di tonnellate di "scalogni" tagliati, a striscioline o a cubetti, freschi, surgelati e disidratati. Nessuno si è mai lamentato né della qualità del prodotto né della sua mancanza di sapore. Ad ogni modo, se hanno inventato gli aromi e i coloranti è proprio per dare colore e sapore a quei prodotti che ne sono carenti, no?

Sfortunatamente, come tutte le belle storie, anche questa non è durata. Cioè, almeno per noi. Il trucchetto ha perso la sua convenienza quando gli olandesi si sono messi a fare la stessa cosa, inondando il mercato di "scalogni" di bassa gamma e provocando nello stesso tempo il crollo dei prezzi.

Il colpo di grazia è arrivato un po' di tempo dopo, quando un concorrente dell'Est della Francia ha cominciato a importare del "vero scalogno"... dall'India! Niente meno!

Ma alla fin fine, anche se ne abbiamo sofferto, devo riconoscere che in realtà è stata una trovata piuttosto ben congegnata. Perché, se in Europa dei controlli vengono effettuati (succede di rado ma succede), chi mai andrà fino in India a verificare che si tratti di vero scalogno e non di normalissima cipolla?

Risultato: il concorrente ci ha fregato i nostri ultimi clienti ed è anche riuscito a riprendere una grossa parte di mercato agli olandesi.

Tanto di cappello!

22
È passato di qui, ripasserà di là

Il caso delle lasagne alla carne di cavallo è un esempio da manuale che ci mostra l'importanza, per un industriale furbo, di una buona padronanza della catena logistica. Inoltre illustra splendidamente l'utilità, per le società poco scrupolose, di avere delle filiali o di fare ricorso a società amiche (complici, se preferite) saggiamente insediate in certi paesi strategici.

In questo caso particolare, tutto comincia da alcuni mattatoi situati in Romania, Carm Olimp e Doly-Com per essere precisi, che vendono carne di cavallo. Fin qui niente di illegale, anche se mi faccio molte domande sull'origine dei cavalli e sulla loro qualità dal punto di vista alimentare. Ma su questo torneremo più avanti.

Interviene poi una società commerciale, la Draap Trading Limited, con sede legale a Cipro ma appartenente a una holding delle isole Vergini britanniche, che utilizza una casella postale belga e stocca i suoi prodotti a Breda, in Olanda. Il suo direttore olandese, assai noto nel piccolo mondo della carne, era stato condannato nel gennaio 2012 dal tribunale di Breda a nove mesi di carcere per aver venduto carne di cavallo sudamericana come manzo tedesco Halal. Eh sì, cose che capitano!

La carne di cavallo rumena sarà poi rivenduta tale e

quale dal nostro commerciante cipriota-belga-anglo-olandese a diversi clienti in tutta Europa. Una grossa partita, almeno 750 tonnellate, finisce alla Spanghero, in Francia. Mi avete seguito, fin qui? Bene.

La Spanghero, senza trasformarla minimamente, rivende a sua volta questa carne, che da questo momento diventa di manzo – o almeno così viene indicato sulle etichette e sui documenti –, a diversi clienti, tra cui Tavola, una filiale lussemburghese della francese Comigel, che ne riceve 550 tonnellate.

Con questo "manzo", Tavola produrrà, senza porsi altre domande, quattro milioni e mezzo di piatti pronti per numerosi clienti, industriali o distributori, tra cui la Findus in Svezia.

Sento qualcuno che dice «Ehi, ehi, è complicato!». In effetti è una buona analisi, e sappiate che complicato lo è di proposito. Più frontiere si passano, più ci sono soggetti coinvolti e documenti diversi in lingue diverse, più è difficile per i servizi doganali o sanitari nazionali seguire o capire cosa succede. Sappiate anche che certi paesi, a livello di controlli, sono più lassisti di altri. Quando avevo dei lotti dubbi da sdoganare (formalità che permette a un lotto di merce di "entrare" ufficialmente in Europa, dove poi può circolare e venire smerciato liberamente), di solito lo facevo in Olanda, in Belgio o in Lussemburgo. Ebbene, la Draap Trading stoccava in Olanda e aveva un indirizzo in Belgio, e Tavola produceva in Lussemburgo. Un caso?

E anche se è complicato, anche se molti intermediari si prendono una parte della torta, il gioco vale la candela: la carne di cavallo costa tre volte meno della carne di manzo. Perciò i profitti ricavati da questa frode su vasta scala sono enormi!

Chi oserà ancora dire che il ferro di cavallo non porta fortuna?

Di solito, non è la natura del prodotto a creare problemi, ma la sua origine. Far passare un prodotto per un altro raramente inganna i professionisti più esperti. La carne di cavallo è diversa dalla carne di manzo, e la maggior parte delle "vittime" sapevano che il manzo che compravano aveva un sapore, una consistenza e un colore che non quadravano. Al contrario, determinare l'origine di una carne della stessa qualità, brasiliana o tedesca, di uno zafferano dello stesso identico livello dalla Spagna o dall'Iran, di un miele dello stesso fiore dalla Turchia o dalla Cina… è quasi impossibile; mentre prezzi e vincoli per l'import cambiano notevolmente a seconda dell'origine.

Ecco perché abbiamo una filiale a Dubai. È un meraviglioso paese di transito per le merci di cui si vuole truccare la vera origine.

Attenzione, è un argomento tabù. Inabbordabile non solo con qualsiasi rappresentante di qualsiasi autorità, ma anche con tutti gli attori coinvolti, che fanno sempre finta di non capire e cambiano rapidamente discorso. Mi spiego meglio.

Partiamo dal postulato che il mondo è in guerra. Sì, ve lo assicuro, alcuni non lo sanno, isolati nella loro bolla, ma il mondo è nel pieno di una guerra economica. Le battaglie si vincono a colpi di contratti siglati per l'export o si perdono quando importazioni massicce squilibrano la bilancia del commercio estero.

Esportare è fonte di entrate e di attività, dunque di posti di lavoro per il paese che vende. Ogni paese dotato di un minimo di buon senso utilizza tutte le armi a sua disposizione per favorire le proprie esportazioni e ridurre le importazioni.

In questa nuova guerra fredda, i belligeranti avanzano mascherati e alcuni dispongono di una potenza di fuoco maggiore rispetto ad altri. Certuni sono combattivi e pragmatici, mentre altri si illudono riguardo a una situazione che li sopravanza e che ormai non controllano più.

Le armi utilizzate per avere esportazioni massicce sono: sovvenzioni e altri tipi di aiuti, *dumping* sociale, valuta artificialmente svalutata... Al contrario, i diritti di dogana istituiti come vere e proprie barriere, certi obblighi nonché, addirittura, gli embarghi sanitari, o ancora le quote, permettono di limitare l'ingresso nel paese di determinate tipologie di merci.

Così, importiamo in Europa grandi quantità di prodotti diversi che devono pagare dazi doganali al loro ingresso nel mercato comune. È il caso, per esempio, delle nocciole provenienti dalla Turchia (primo produttore mondiale), che sono ampiamente usate nelle creme spalmabili o che finiscono nelle nostre tavolette di cioccolato. I diritti di importazione che le riguardano sono attualmente del 3%. Bisogna anche sapere che le nocciole turche sono abbondantemente sovvenzionate dalle autorità locali e beneficiano di ogni cura da parte dei loro produttori, che utilizzano senza alcun pudore grandi quantità di prodotti fitosanitari vietati in Europa, il che aumenta sensibilmente i rendimenti e contribuisce ad abbassare i costi.

Per evitare di pagare queste tasse, ma anche per sfuggire ai controlli sanitari necessari al loro ingresso in Europa, le nostre nocciole turche vengono spedite per nave alla nostra filiale di Dubai (dove le nocciole di questa provenienza non pagano dazi doganali), e poi subito rispedite in Europa. Sono le stesse nocciole, salvo che non sono più turche ma "greche", col sostegno di documenti ufficiali, e quindi esonerate dai dazi e senza l'obbligo di un certificato sanitario in quanto già europee. Facile e molto redditizio.

Capita anche, di tanto in tanto, che di un prodotto originario di un paese terzo venga provvisoriamente vietata l'importazione quando le autorità del paese di destinazione hanno la "fortuna" di accertare un difetto, reale, potenziale o immaginario, relativo al suddetto prodotto.

Così, i giapponesi e i cinesi chiudono immediatamente le loro frontiere ai vini, ai formaggi o ad altri prodotti alimentari europei non appena affiora un dubbio qualitativo, per esempio un batterio dall'aspetto patibolare o un additivo non meglio identificato. Gli europei fanno lo stesso, come pure gli americani...

Così, qualche anno fa, l'Europa aveva decretato un embargo totale sulla produzione animale cinese a causa della presenza massiccia nei suoi prodotti di antibiotici vietati.

Ciò avrebbe dovuto porre alla nostra società grosse difficoltà di approvvigionamento, visto che compravamo molti prodotti cinesi colpiti dal divieto, come la pappa reale e i gamberi surgelati. La Cina era di gran lunga il primo produttore mondiale di questi due prodotti.

Ma in realtà non è andata affatto così. È bastato che uno dei nostri fornitori vietnamiti, molto astuto, comprasse per noi la pappa reale in Cina e ce la rispedisse con un certificato d'origine vietnamita. Lo stesso per i gamberi, ma stavolta via Turchia. Così la Turchia, paese che esportava sì un po' di gamberi, ma le cui risorse erano praticamente esaurite, in poche settimane ha miracolosamente esportato in Europa ingenti volumi di gamberi "turchi" dagli occhi a mandorla, senza che questo destasse il minimo sospetto nelle autorità competenti.

Molte società si comportano nello stesso modo con un mucchio di prodotti.

Sapete che i maggiori compratori di zafferano spagnolo (o venduto come tale) sono gli Stati Uniti? Ora, la Spagna esporta più zafferano "spagnolo" di quello che può produrre. Strano, no? Infatti la differenza è costituita da zafferano importato dall'Iran, primo produttore mondiale. Gli Stati Uniti possono così acquistare la quantità necessaria di zafferano sotto bandiera spagnola senza dover commerciare con l'Iran, paese contro cui hanno decretato un embargo.

Nessuno ci casca, in ogni caso non i professionisti o le dogane, e ancora meno i politici, ma tutti quanti fanno finta che la cosa non esista. Niente scandali, per piacere, sono in gioco grandi interessi.

Ah, dimenticavo: vi avevo promesso che sarei tornato su quella famosa carne di cavallo proveniente dalla Romania.

I mattatoi, nessun dubbio in proposito, sono siti in Romania. In compenso, nessuno è davvero sicuro circa la vera origine degli animali, perché l'Europa è tutt'altro che in sella rispetto alla tracciabilità di questa specie. Rumena? Può essere, ma anche no. Molto semplicemente, non esiste un sistema europeo affidabile di tracciabilità per i cavalli.

Per esempio in Svezia, paese che rispetto alla Romania – ne converrete – è decisamente avanzato, secondo il consorzio dell'industria equina (HNS), dai quattro ai novemila cavalli circa "scompaiono" ogni anno: *puff*, volatilizzati. Semplicemente questi animali non compaiono da nessuna parte, la loro morte o il loro abbattimento non viene dichiarato all'interno del paese. Così, a partire dal 2000, più di centomila cavalli svedesi sono spariti dalle statistiche.

Siccome è assai improbabile che questi centomila cavalli siano tornati alla vita selvaggia o siano andati a morire in un cimitero segreto, la spiegazione più plausibile è che abbiano semplicemente lasciato il paese. Poi sono stati abbattuti illegalmente in mattatoi polacchi o rumeni, che pagano per questo bestiame come minimo il doppio di quello che pagano i mattatoi svedesi.

Quanti cavalli spariscono nello stesso modo negli altri paesi? E quanti se consideriamo tutta l'Europa? Impossibile saperlo.

Ora, la tracciabilità è essenziale per la protezione del consumatore. Permette di collegare le origini dei problemi e le loro potenziali vittime. In tal modo, quando si individua un problema relativo a una determinata partita, si può rapidamente procedere al ritiro della merce, informare e aiutare le vittime.

Tuttavia la tracciabilità, anche se è indispensabile, non basta. Bisogna anche mettere in atto controlli seri e generalizzati. Controlli documentari, controlli sulle specie realizzati tramite test del dna, ricerca di molecole chimiche o farmacologiche... Tutto questo in funzione dell'alimento da controllare e dei rischi connessi a quel prodotto, che sono generalmente ben noti ai professionisti e alle autorità.

In Inghilterra, per esempio e per restare ai nostri cavalli, vengono abbattuti circa novemila ronzini all'anno. Alcuni test realizzati in questo paese hanno rilevato, nel 6% delle carcasse dei cavalli, la presenza di quantità significative di fenilbutazone, un potente antinfiammatorio. Ora, gli inglesi non mangiano il cavallo, che è considerato un animale da compagnia. Queste carcasse vengono dunque esportate e consumate solitamente in Francia, dove fino a quel momento c'erano stati solo rari controlli aleatori, totalmente insufficienti. Si può dunque logicamente dedurne che ogni anno in Francia siano state consumate più di cinquecento carcasse di cavalli impregnate di questa sostanza. La cosa si fa inquietante, quando si sa che il fenilbutazone è totalmente vietato nella catena alimentare, perché provoca nell'uomo seri problemi al midollo osseo e gravi anemie.

Se dovessi dare un consiglio, dopo tutto questo? Ebbene, vi direi senza esitare che nei vostri acquisti alimentari dovete sempre privilegiare la prossimità. Scegliete le origini locali o nazionali. Da una parte fa bene all'occupazione; dall'altra, i prodotti che non hanno attraversato molteplici frontiere presentano necessariamente meno rischi di adulterazione, di mescolanza o di inganno sulle origini, la specie o la qualità. Abbiamo la fortuna di avere nei nostri paesi prodotti variati e di qualità: sono questi che bisogna scegliere.

23
Trecento tonnellate di pes-tè-cidi

Il mio collega Daniel, per gli amici Dany o "Moustaf", è responsabile del settore "Tè e prodotti orientali". I suoi clienti sono essenzialmente nell'Africa francofona o in Medio Oriente. Tratta grossi volumi di tè verde cinese, ma anche tè nero di bassa gamma dall'Iran o dall'Africa, e alcuni prodotti specifici come il miele scadente e gli aromi per dolci. Lavoriamo insieme anche per quanto riguarda le spezie.

Daniel è quanto di più bretone esista al mondo, ma con i suoi capelli neri arruffati, il mento sapientemente mal rasato dai peli scuri e le conversazioni telefoniche che punteggia di parole arabe, mi fa pensare più a un venditore turco di kebab. Ci intendiamo bene, io e lui, e ci piace incontrarci, tutte le mattine, davanti alla macchinetta del caffè, per discutere dei risultati delle partite di calcio o del rugby (ma se siete stati attenti lo sapete già).

Sennonché, qualche mese addietro: «Non ti senti bene, Dany? Qualcosa che non va?».

«È per via dei pesticidi. Ho in magazzino 300 tonnellate di tè verde cinese, del Gunpowder, che sono piene di pesticidi, a livelli da ammazzare un cavallo.»

«E allora? Non è una novità» dissi, stupito che si preoccupasse per così poco. «Che io sappia, abbiamo sempre trovato un sacco di pesticidi nel tè cinese, di solito molto sopra la norma, tutti lo sanno e nessuno ci ha mai trovato niente da ridire.»

Dany posò dolcemente il bicchierino di plastica e, abbassando la voce, mi sussurrò: «Sì, ma stavolta non è un problema interno o con dei clienti. Tientelo per te, ma qualche giorno fa gli ispettori antifrode sono capitati all'improvviso nei nostri depositi e hanno prelevato dei campioni. Quando sono arrivati i risultati, hanno bloccato tutto. Per il momento non possiamo toccarlo e siamo in attesa della loro decisione finale».

«Cosa dicono questi risultati?»

«Non vogliono dirci niente, hanno solo bloccato tutto, ma per il momento non c'è niente di ufficiale.»

«Cazzo.»

Una grana lo era di certo, e bella grossa. Se l'antifrode aveva scoperto che il tè cinese conteneva veramente troppi pesticidi, cosa che tutti i professionisti del tè sapevano da molto tempo, ci avrebbero chiesto di distruggere i lotti, su questo non c'erano dubbi.

«Se ci toccherà distruggere 300 tonnellate di roba, mi cacceranno via» si angustiava dunque Dany, a ragione.

La cosa mi rattristava, Daniel era un ragazzo gentile e gradevole finito nel posto sbagliato. Mi piaceva molto ed egoisticamente temevo, in un prossimo futuro, di dover bere il mio caffè da solo, il che è decisamente meno divertente.

«Non possiamo contestare la decisione e fare delle controanalisi?» domandai, senza grande convinzione, giusto per riavviare la conversazione.

«Sei scemo o cosa? L'hai detto tu stesso, sapevamo bene che era inquinato. Una controanalisi a cosa servirebbe? È colpa mia, non avrei dovuto fare così tanta scorta.»

«E discutere con i cinesi per ottenere una compensazione? Dopotutto è colpa loro se ci sono troppi pesticidi.»

«Ma che ti succede, oggi? Hai fumato o cosa? Ti è mai successo, anche una sola volta nella vita, che un cinese ti abbia rimborsato un lotto difettoso già pagato? E ti faccio notare che stiamo parlando di 300 tonnellate, ce n'è per più di un milione.»

Porca miseria! Lo avrebbero messo alla porta, sicuro come l'oro.

Nei giorni successivi, Dany evitò accuratamente di incrociare il mio sguardo. Non faceva più le pause e io avevo iniziato a bere il caffè da solo. Deprimente. Le borse sotto i suoi occhi avevano raggiunto le dimensioni di un guanto da bagno, e non si prendeva neanche più la briga di rifinire il suo aspetto da vecchio combattente con la barba di tre giorni. Tutto quanto puzzava di fine ormai prossima, e mi aspettavo di vedere il suo ufficio vuoto da un giorno all'altro.

E poi, una mattina, pettinato e rasato di fresco, Dany mi accolse con un sorriso.

«Vieni, ti offro il caffè.»

Senza neanche aspettare la pausa e con il boss ancora nella stanza, era piuttosto insolito.

«Non indovinerai mai» mi disse raggiante davanti alla macchinetta.

«Hai trovato un nuovo lavoro strapagato e non te ne frega niente che ti licenzino?»

«Ma no, sei scemo? Per il tè, l'antifrode lascia perdere!»

Faccenda decisamente inconsueta.

«In che senso "lascia perdere"?»

«Libera i lotti, posso venderli!»

Non credevo alle mie orecchie. Per quale miracolo l'antifrode lasciava sul mercato dei lotti di prodotti alimentari che sapeva essere fuori norma?

«E i pesticidi, i limiti di legge, le analisi?»

«La procedura è annullata» mi disse, come se mi stesse annunciando che era diventato padre per la prima volta.

«Ma perché? Non è logico.»

«Non si sa, anche il boss ci è rimasto di stucco. Ieri sera ho ricevuto una telefonata dell'ispettore che mi ha detto che potevamo procedere... ma che non avrebbero messo niente per iscritto. Non vuole autorizzarci ufficialmente a vendere un prodotto fuori dalle norme, ma chiuderanno un occhio per darci il tempo di consegnare dei nuovi lotti puliti.»

«Cazzo!»

«Ti lascio, devo liquidare rapidamente la mia scorta prima che cambino idea. La prossima volta ne farò entrare meno e soprattutto lo prenderò meno appestato. Quello scadente lo manderò direttamente dalla Cina all'Africa. Il mio Gunpowder se l'è cavata per un pelo!»

Non ci capivo niente. Non era nelle abitudini dell'antifrode lasciare sul mercato dei lotti inquinati e contaminati. Trovarli e toglierli dalla circolazione è la loro ragion d'essere. Mi era già toccato far distruggere non poca merce su loro ingiunzione, miele, spezie, oli, e senza la minima possibilità di discutere. Bisogna dire che queste molecole non si accontentano di essere cancerogene, agiscono anche sulla fertilità e sullo sviluppo del feto, per non parlare del loro impatto sull'ambiente.

Ebbi la risposta a quel mistero qualche settimana più tardi, quando, nel corso di un controllo in una delle nostre fabbriche, incontrai l'ispettore che si era occupato del tè di Dany.

In tono confidenziale, mi disse semplicemente che tutti gli importatori di tè verde dalla Cina erano stati controllati in Francia e in tutto il resto d'Europa, e che il livello di pesticidi era dappertutto troppo elevato. Logicamente, i servizi sanitari di ogni stato avrebbero dovuto bloccare quei lotti e farli distruggere, mentre gli enti sanitari centralizzati europei avrebbero dovuto farsi carico di quel problema di salute pubblica e prendere provvedimenti per l'insieme dell'Unione Europea, in particolare rafforzando i controlli alle frontiere, stabilendo dei bandi, distruggendo lotti, imponendo divieti di importazione... Sì, però era la Cina. E la Cina conta molto sulle sue esportazioni di tè.

L'informazione era arrivata fino ai più alti organismi degli stati e si era deciso che fosse urgente... non fare nulla. La cosa più importante era non contrariare la Cina, perché continuasse a comprarci un po' di aerei e non bloccasse alle sue frontiere il vino francese, le auto tedesche e il formaggio olandese. Il problema era noto a tutti, in Europa, ma nessuno voleva innescare una guerra commerciale con un partner così potente e irascibile.

Per quanto mi riguarda, bevo solo tè biologico ed evito come la peste i prodotti alimentari cinesi. Non ci tengo a beccarmi un cancro, anche se è per una causa tanto nobile come sostenere il commercio mondiale e l'amicizia tra i popoli.

Forse pensate che evitare il tè cinese basterà a mettervi al riparo dai pesticidi? Errore, di nuovo. Noi facciamo sistematicamente una ricerca completa circa i pesticidi su tutti i lotti di verdura e frutta surgelate che compriamo. Ebbene, sappiate che troviamo tracce di insetticidi, senza contare i fungicidi e altri erbicidi, nel... 100% dei casi. E non si tratta di "un" pesticida, ma di un minimo di tre o quattro pesticidi diversi che identifichiamo tra le centinaia di molecole cercate (oggi quasi 700). Perciò, un consumatore che si prende diligentemente cura della propria salute e mangia, come gli è stato detto, cinque porzioni di frutta e verdura al giorno, ingurgita ogni giorno senza sospettarlo un cocktail di una decina di pesticidi diversi.

Qualcuno vi dirà che le dosi sono bassissime e che non c'è pericolo, che è tutto assolutamente sotto controllo, e tante altre contro-verità. Spiacente di togliervi le vostre ultime illusioni ma, nel 2013, il 3% dei lotti controllati dall'EFSA (l'Autorità europea per la sicurezza alimentare) superavano i limiti consentiti dalla legge. Ora, questi limiti sono determinati molecola per molecola, sulla scorta di test eseguiti sui topi, senza tenere conto degli effetti sinergici e cumulativi indotti dai cocktail ingurgitati sugli esseri umani. Inoltre mi pongo molte domande sui metodi di analisi dell'EFSA, perché noi, invece, troviamo problemi in più del 3% dei lotti. Potrei raccontarvi di quei peperoni rossi spagnoli che hanno fatto diverse volte il tragitto Francia-Spagna, prima che un produttore di pizze li acquistasse a prezzo ridotto, perché nessuno voleva utilizzare dei lotti così carichi di metamidofos. O di quei pomodori traboccanti di malatione, o di quelle fragole, di quelle insalate... delle centinaia, delle migliaia di tonnellate di cui voi, consumatori, vi nutrite.

Ma, beninteso, noi siamo dei professionisti dell'agroalimentare, persone discrete, e il nostro ruolo non consiste nel rassicurare l'opinione pubblica.

24
Liscio come il Vormischung!

I prodotti più importanti per l'Azienda, quelli che creano il grosso del fatturato, sono le *commodity*. Questa categoria comprende in particolare le materie prime più comuni, generalmente quotate in Borsa: per esempio, nel settore alimentare, il cacao, il caffè, gli oli, lo zucchero, la soia, il grano… e, al di fuori del settore alimentare, il petrolio, i metalli, il cotone, il caucciù… Si tratta, come avrete capito, di derrate che vengono prodotte e che si scambiano in grandissime quantità. Sono prodotti "di base" con capitolati d'appalto semplici e standardizzati.

Gli altri prodotti, per contrasto, vengono chiamati *specialty*. Di solito sono più cari e a più forte valore aggiunto, ma i mercati e i volumi trattati sono molto più scarsi. Queste derrate sono infinitamente più varie, e di conseguenza i loro capitolati d'appalto sono più dettagliati. Non sono quotate in Borsa e i prezzi si stabiliscono a piacimento tra un compratore e un venditore, contratto per contratto, dopo aspre contrattazioni. È dunque un sistema immensamente più complesso e avido di risorse.

Tra le *commodity*, da noi la categoria regina è quella degli oli alimentari. Spesso maneggiamo contratti che superano il milione di euro e rappresentano svariate decine di migliaia di tonnellate di oli; colza, soia OGM e non OGM, girasole, palma, arachide, mais, olio d'oliva (extravergine o meno), vinacciolo, nocciola, noce, sesamo e persino karitè, un olio originario dell'Africa occidentale, utilizzato di solito in cosmetica o per sostituire il burro di cacao nei cioccolati di bassa gamma.

Quando mi fu affidata la responsabilità di acquistare gli oli, il mio capo mi prese da parte:

«Lo sai che in Francia esiste una tassa sugli oli?»

«Sì, certo, la "Bapsa"» risposi pronto.

«Esatto, la tassa per il budget annesso delle prestazioni sociali agricole a vantaggio del regime di protezione dei non salariati agricoli. Una stronzata tutta francese che non esiste negli altri paesi, tanto per renderci ancora più competitivi. Come sai, per ogni chilo venduto in Francia, dobbiamo pagare una tassa che va dagli 8 ai 18 centesimi di euro. Questa cosa ci costa milioni ogni anno.»

Lo sapevo perché l'avevo sentito lamentarsi di quella tassa decine di volte, il tutto mi era perfettamente chiaro. Allora ho fatto un commento di circostanza, giusto per fargli vedere che ero in sintonia con lui.

«In Francia sappiamo risolvere i problemi solo con le tasse. È uno schifo.»

«È proprio così» esultò il mio capo, felice di trovare in me un alleato indefettibile. «È una cazzata mostruosa. I prodotti francesi a base di olio devono subire questa tassa di merda e si ritrovano penalizzati rispetto ai prodotti fabbricati dai crucchi, dai belgi e dai mangiaspaghetti. Ma per fortuna ci sono delle astuzie...»

«Per esempio?» domandai tendendo gli orecchi, avido di venire iniziato ai sommi segreti che mi avrebbero reso ancora più furbo.

«Basta non comprare olio!»

"Basta non comprare olio!" Era incontestabile, logico... ma totalmente idiota. "Non comprare olio"... E poi? Era impazzito? Mi stava prendendo in giro?

Lieto dell'effetto ottenuto, il capo riprese: «Basta comprare una "cosa diversa" dall'olio, per esempio la "sos Vormischung"».

«Sos che?»

«Sos Vormischung. È tedesco. Si potrebbe tradurre con "salsa di premiscela", ma di quello che vuol dire esattamente ce ne freghiamo.»

«Dove la si trova, questa "salsa di premiscela", e cosa cambia, se ci serve comunque dell'olio per i nostri prodotti?»

«Trovarla è facile. Ascoltami bene» aggiunse avvicinandosi a me e parlando a voce molto bassa. «Basta comprare dell'olio in Germania, in Spagna o in Olanda, ma non direttamente: tramite la nostra filiale tedesca. In Germania la "Bapsa" non esiste, là nessuno farà domande. Poi la nostra filiale non ci rivende dell'olio, ma la "sos Vormischung". In Francia definiamo questa "sos Vormischung" come una preparazione alimentare destinata alla produzione di salse, senza precisare la percentuale di olio, e il gioco è fatto.»

«Non si parla di olio?»

«Non è olio, non è *più* olio, ma una "preparazione", un "prodotto semilavorato". Su documenti, fattura, bolla di trasporto e specifiche, compare solo il termine "sos Vormischung".»

«Ma se la filiale compra l'olio e ce lo rivende direttamente, non c'è proprio nessuna trasformazione. Non è un "preparato"» feci notare.

«E allora? Nessuno andrà a guardare nei tini o analizzerà la composizione della nostra "sos Vormischung". Potremo sempre inventarci una trasformazione fittizia, non so, un controllo visivo, l'aggiunta di sale, di un additivo, di un po' di bel niente in polvere. Non ti preoccupare, ci inventeremo qualcosa.»

«E in caso di controllo?» azzardai timidamente.

«Sai benissimo che i controlli sono estremamente rari, e poi, per incastrarci, l'ispettore dovrebbe poter confrontare i nostri documenti con quelli della filiale tedesca, e non c'è la minima possibilità che ottenga qualcosa dalla Germania: hanno ordini precisi, là. Fidati di me, non ci saranno problemi. E anche se un giorno saltasse fuori qualche seccatura, la filiale tedesca non dovrà far altro che accennare a un errore di traduzione e modificare le carte. Ci scuseremo bassamente: perdonate, signori e signore, era soltanto un piccolo errore senza malizia, è colpa dei crucchi. E tutti saranno contenti. Il rischio è zero.»

E aveva ragione. Era facile e molto redditizio. Prima ancora che mi occupassi della faccenda, un lotto non trascurabile del nostro olio era già stato comprato in Germania sotto la fumosa denominazione di "sos Vormischung".

La cosa avrebbe potuto continuare a lungo, ma, sfortunatamente, un tradimento finì per svelare il nostro ingegnoso segreto. Un dipendente scontento, al corrente del nostro piccolo stratagemma, passò alla concorrenza e scoprì gli altarini. Non essendo capace di perdere, quel nostro ex collega non trovò niente di meglio da fare che denunciarci alle autorità. Squallida mentalità da collaborazionista.

Per fortuna venne riconosciuta la nostra buona fede, il che ci evitò qualsiasi sanzione, e l'errore di traduzione fu prontamente corretto.

25
Caccia allo spreco in versione industriale

Nella vita di tutti i giorni a nessuno piace lo spreco, e la cosa è ancor più vera nell'industria. Tutto ciò che non viene utilizzato nel prodotto, che finisce buttato, rappresenta una perdita di denaro. E questo, sentimentalmente parlando, è duro da accettare. Perciò restereste sorpresi dall'ingegnosità espressa per utilizzare tutti i resti (sono educato) a disposizione. Il termine tecnico è: "valorizzare i sottoprodotti".

Prendiamo per esempio la frutta. Nella realtà di oggi (che non viene mai mostrata dalla pubblicità, credetemi, ci stiamo attenti), i bei frutti non servono a fare puree, passate o altre composte e marmellate: sarebbe uno spreco totale. Viceversa, li si seleziona, e viene fatto ogni sforzo per preservare la loro integrità e la loro bella apparenza (sì, l'apparenza soltanto, perché il gusto non conta molto nell'industria). Questi frutti senza difetti, appetitosi, sono venduti così come sono, molto più a caro prezzo, proprio grazie al loro aspetto valorizzante. Messi in scatola o surgelati, servono essenzialmente come decorazione per i professionisti (torte industriali alle fragole, dolci artigianali con ciliegie o ciliegie candite, per esempio), o sono venduti direttamente al consumatore. Per le puree o i concentrati di frutta, che sono alla base delle preparazioni industriali e che si ritrovano nei nostri yogurt o marmellate, sui nostri biscotti o nei nostri succhi di frutta... utilizziamo soprattutto frutti guasti o difettati.

Per quanto riguarda la produzione delle nostre puree di fragole, che facevo fabbricare da un subappaltatore in Cile (questo paese si è specializzato nella coltivazione di questo e di alcuni altri frutti delicati grazie a un terreno molto favorevole, e produce fuori stagione rispetto all'Europa, perché è situato nell'emisfero Sud), non conosco nessuno che, se la vedesse, mangerebbe la materia prima che usiamo abitualmente. Le fragole mezze marce non sono rare (sono le meno care), e si fondono in una massa informe, popolata da qualche larva bianca e arzilla.

Nonostante la presenza di foglie un po' sporche di terra, con un fine trituramento e una buona setacciatura si ottiene comunque una purea perfettamente rossa e delicatamente profumata. Si sterilizza, si mette un po' di conservante, per esempio del bel sorbato di potassio o, se necessario, dell'eccellente benzoato di sodio, e buon appetito!

In Polonia, in Egitto e in Cina, con le fragole si fa esattamente la stessa cosa, in Serbia la si fa con le amarene, in Turchia con le albicocche...

Eh sì, se pensavate che i graziosi vasetti di marmellata del supermercato, con i loro *packaging* all'antica e i loro nomi che profumano di prodotto locale, fossero fabbricati con frutta fresca di casa nostra raccolta al culmine della maturazione, dovete abbandonare d'urgenza le vostre ultime illusioni. La marmellata di fragole, quella più venduta, di solito è fabbricata con fragole surgelate della varietà *Senga sengana* molto produttiva e resistente, importata in camion o container dai paesi dell'Est e persino dall'Egitto. E non vi lamentate, è sempre meglio di certe "marmellate di fragole" di bassa gamma che si trovano, per esempio, in coppette di plastica, servite con la colazione in molti alberghi (e neanche soltanto in quelli economici) e che non contengono nemmeno una fragola. Riparleremo in dettaglio di queste marmellate più avanti, abbiate pazienza.

Non c'è solo la frutta. Si fanno anche puree surgelate di verdure o verdure in polvere, e lo stesso vale per i porcini, i gallinacci, le spugnole e altri funghi selvatici. Questi prodotti servono alla fabbricazione di alimenti industriali "di alta gamma" come le paste secche ai funghi selvatici, o dei ripieni per pollame. Ma se voi poteste vedere la materia prima utilizzata, diventereste verm... scusate, volevo dire verdi.

Quanto alle spezie, ormai state cominciando a conoscerle. Vi ho già messo a parte di alcune astuzie, ma non resisto al piacere di parlarvi della nostra ricetta per il ras el hanout. Ma sì, sapete, quel misto di spezie che è indispensabile nella cucina nordafricana e viene utilizzato a profusione in piatti come il tajine e il cuscus. Da quel che mi è stato detto, è arabo e significa qualcosa tipo "capo della drogheria", "padrone di casa", o "primo della cucina" (spiacente di non poter essere più preciso, ma ogni volta che lo chiedo a una persona che si presume parli arabo, ricevo una risposta diversa). Insomma, si suppone che sia un misto delle spezie più rare e preziose che il droghiere possa offrire, quanto c'è di meglio nel suo negozio. Si dice anche che ogni massaia berbera abbia la sua ricetta, a base di boccioli profumati di rose damascene e di diverse decine di altre spezie di cui, da brava cuoca, conserva la lista segreta. Tutte cose che possiamo considerare fesserie.

La nostra ricetta, invece, è semplice: una base di spezie economiche, di bassa gamma, e... tutti gli scarti dello stabilimento. Nessuna rosa, né di Damasco né di nessun altro luogo, e soprattutto nessun ingrediente oneroso. I diversi campioni che i fornitori ci mandano gratuitamente? *Hop!* Nel calderone pieno fino all'orlo di ras el hanout. I residui della pulizia delle macchine? *Hop!* Nel calderone pieno fino all'orlo di ras el hanout. I lotti scaduti, l'aglio rappreso in un blocco, la farina o le nocciole infestate dagli insetti, la paprika che si è scurita, le lavorazioni sbagliate... Tutto dentro al ras el hanout!

Dunque è vero che il nostro miscuglio non è sempre molto regolare, ve lo concedo. A volte è un po' più scuro, altre volte tende al verde, a volte è un po' più dolce, piccante... oppure no. In questo prodotto si ritrova un po' dell'anima del "su misura", l'irregolarità che costituisce il fascino dell'artigianato, non trovate?

Comunque sia, nessuno sa quale debba essere il vero sapore del ras el hanout, visto che, come vi ho detto, non esiste una ricetta ufficiale ma un'infinità di varianti. Credetemi, nessuno si è mai lamentato del nostro ras el hanout, che procurava ai nostri cari clienti un piacere ogni volta rinnovato.

E cosa diventano le produzioni di salsa venute male? Credete che finiscano nella pattumiera? Non bisogna sprecare! Una maionese sbagliata, un ketchup un po' bruciato, una salsa *béarnaise* con troppo aceto, una senape ossidata... *Hop!* Tutto quanto si "ricicla": termine tecnico che vuol semplicemente dire che si diluisce una piccola quantità della produzione sbagliata in una produzione nuova, freschissima e bellissima.

Lo stesso vale per un lotto di miele di cattiva qualità, o per il pepe, per la salsa di cioccolato, per la crema spalmabile, la marmellata ecc. Tutto si ricicla a piccole dosi.

Mi pare di sentirli, i pignoli, che protestano contrariati sullo sfondo. Ma, alla fine, visto che nessuno sta male, nessuno viene leso! Cosa c'è che non va?

E poi significa meno spreco, meno inquinamento, quindi è più ecologico per il pianeta. Un'impresa civile deve pur pensare all'ambiente, no? Non possono certo biasimarci perché mettiamo in campo delle filiere di riciclo!

E poi costa meno caro, quindi è ottimo per il sacrosanto potere d'acquisto e, in via accessoria, per il nostro margine di guadagno.

26
La lucrosa tecnica del *glazing*

«Questi gamberetti sono pieni d'acqua!» Di solito, quando mia moglie brontola in cucina, il che capita piuttosto spesso, evito di avvicinarla. In quei momenti, non si sa mai a quali danni collaterali ci si espone. Ma la parola "gamberetti" aveva risvegliato la mia curiosità, tanto che, preso il coraggio a due mani, mi feci avanti prudentemente.

China sul lavandino, con aria abbattuta, la mia tenera consorte fissava uno scolapasta di plastica di un bel verde anice, in cui un mucchietto rosa pallido di gamberetti sgusciati finiva tranquillamente di scongelarsi senza disturbare nessuno.

«Qual è il problema, tesoro?» mi informai, come farebbe ogni buon marito afflitto dallo sgomento della sua dolce metà.

«Guarda questi gamberetti! Fino a poco fa ne avevo il doppio. Pare che si sciolgano man mano che si scongelano! Alla fine non resterà più niente.»

«Sembrerebbero proprio i nostri gamberetti tropicali» osservai esaminando la scena del delitto da sopra la sua spalla. «Fammi vedere la confezione.»

«Tieni» mi disse lei freddamente tendendomi un sacchetto di plastica bianco e blu con il marchio di una catena di supermercati.

«Ebbene sì, sul sacchetto è stampato il nostro codice di imballaggio, guarda. Non ci sono dubbi, questi li facciamo noi! Non bisogna comprarli, tesoro, ti ho già spiegato che non è un buon prodotto. Oltretutto, le nostre ultime analisi hanno rilevato tracce di cloramfenicolo...»

«Di cosa?»

«Cloramfenicolo. È un potente antibiotico che costa poco, in alcuni paesi lo somministrano ai gamberetti mischiandolo al loro mangime. Questo evita le infezioni che possono derivare dall'essere confinati in gran numero nei bacini d'allevamento. È un prodotto molto efficace, ma anche molto pericoloso. Provoca un'anemia che per le persone delicate può essere mortale.»

«Allora perché è autorizzato?» si indignò lei.

«In Europa e in tutti i paesi sviluppati è vietato, ma la maggior parte dei paesi produttori lo utilizza ancora. Te l'ho detto, non bisogna mangiare questa roba. Ci sono dentro un po' di gamberetti e molta acqua, più antibiotici e additivi.»

«E io come faccio a saperlo?» sibilò lei. «Sulla confezione non c'è mica scritto che è una merda.»

«Lo so bene. Con i marchi dei supermercati, il cliente non può sapere da dove viene il prodotto, chi lo fabbrica.»

«Ma come fate a vendere una roba del genere? È una truffa.»

Ahi, i rimproveri diventano sempre più diretti, presto comincerà a passare in rassegna la lunga lista delle cose da rimproverarmi. È ora che me la svigni.

«Ti lascio tranquilla, devo... devo finire di sistemare... una cosina.»

Naturalmente lei ha ragione, come spesso capita, anche se non lo ammetto mai.

È vero che i gamberetti congelati sono circondati da un generoso strato di ghiaccio. Potete verificarlo facilmente. Quel ghiaccio non è arrivato lì da solo: è l'industriale che lo aggiunge, volontariamente. È quello che chiamano *glazing*, ovvero "glassatura" (ma adesso tutti i professionisti parlano inglese... Buona idea, *isn't it?*).

Almeno inizialmente, non è una truffa, ma al contrario una lodevole intenzione. La prima funzione di questo ghiaccio è quella di proteggere il prodotto congelato contro il disseccamento. Nell'ambiente asciutto del frigorifero, i gamberetti che non vengono glassati possono assumere un aspetto da polistirolo biancastro o diventare simili a ossi di seppia. Gli industriali seri (ma rassicuratevi, sono rari) aggiungeranno attorno ai gamberetti tra il 5 e il 10% di ghiaccio. Ciò basta a impedire che si verifichi quanto appena descritto. L'etichetta, si capisce, deve menzionare il peso netto congelato e il numero di pezzi. I prodotti a base di gamberetti congelati in modo corretto indicano quindi con chiarezza il peso del prodotto propriamente detto che si trova nella confezione.

I gamberetti non sono gli unici a essere glassati. Lo stesso vale per le cozze e altri frutti di mare, per i gamberi, i filetti di pesce, gli champignon e svariate verdure... Insomma, per quasi tutto ciò che si può congelare.

Il procedimento è abbastanza semplice. È sufficiente collocare degli irrigatori all'uscita del tunnel di surgelazione (né più né meno dei grossi frigoriferi molto potenti, i più efficienti dei quali utilizzano l'azoto liquido). Si vaporizza sui prodotti surgelati un'acqua raffreddata, a una temperatura leggermente sopra lo zero, addizionata con solfiti e altri additivi (ognuno ha la sua ricetta a base di antibiotici, stabilizzanti, conservanti...). A contatto con il prodotto, l'acqua gela immediatamente e il gioco è fatto.

Avrete già capito che i furbetti, guarda un po', aumentano la dose d'acqua, e non è raro trovare dei lotti di gamberetti o altro con una percentuale di ghiaccio tra il 30 e il 40%, quindi con un peso netto gonfiato. Facile e maledettamente redditizio.

Ma noi siamo ancora più furbi. Ufficialmente, per conservare meglio il prodotto, usiamo un saturatore. Che cos'è?

È una macchina formidabile, benché non abbia niente di impressionante. Assomiglia a un grande armadio di metallo. Ci mettete dentro un pallet di qualsiasi cosa e, in pochi secondi, al suo interno si crea il vuoto, cosa che ha come effetto quello di "aprire" le fibre dei prodotti. Nel saturatore viene poi iniettata ad alta pressione dell'acqua carica di additivi. Quest'acqua addizionata penetra in profondità nelle fibre e imbottisce il prodotto. A quel punto, non vi resta che tirare fuori rapidamente il pallet, che in questo modo ha guadagnato qualche decina di chili, e surgelare velocemente prima che l'acqua venga rilasciata. È così che riusciamo a confezionare degli champignon pesanti come sassi quando sono congelati ma leggeri come patatine una volta evaporata l'acqua tramite la cottura. Magico, il progresso, no?

Rassicuratevi, quei gamberetti non li abbiamo mangiati. Mia moglie adesso compra solo gamberetti nordici, selvatici, pescati in Canada, in Islanda o in Norvegia. Sono molto buoni e garantiti senza antibiotici.

27
Marmellata di fragole senza fragole!

Stamattina, assetto di combattimento: riunione di crisi! Ah, l'esaltazione delle riunioni di crisi… Succede a volte, quando un mercato sale o scende brutalmente, senza che nessuno, almeno da noi, l'abbia previsto. Le cause? Possono essere di qualunque tipo: una guerra, uno sciopero, una catastrofe climatica, un nuovo vincolo regolamentare o… proprio nessuna. Nel caso di cui ci dobbiamo occupare, è solo il risultato di una manovra speculativa abilmente orchestrata da qualcuno.

Per le società come la nostra, i movimenti importanti delle quotazioni sono nello stesso tempo un'opportunità e una minaccia. Per semplificare, per prima cosa non bisogna svendere i nostri stock se i prezzi lievitano, e non bisogna accumularne se scendono in picchiata: visto che tutti tendono a fare lo stesso, queste prese di posizione non fanno altro che accentuare la tendenza.

Quando si verifica una fortuna inaspettata, i prezzi al rialzo permettono di fare un repulisti nelle giacenze, perché i clienti sono più che mai alla ricerca di lotti non cari per proteggere i loro margini. All'improvviso diventano molto meno scrupolosi. Il risultato è che, in periodo di crisi, i prodotti sono molto più cari e, paradossalmente, la qualità si degrada. Per riassumere, più costoso e meno buono.

«Siamo nei guai con le mandorle!» annunciò il boss con tono teatrale. «La raccolta non è andata bene, il clima troppo freddo, le api decimate dai pesticidi, e quei coglioni dei cinesi che si mettono a mangiarle come pazzi. Ma, soprattutto, i più grossi esportatori della California hanno annunciato che limiteranno le loro esportazioni.»

A questo punto bisogna capire cosa vuole dire il boss: nessun incendio in vista, ma i prezzi delle mandorle saliranno pericolosamente. È increscioso, perché siamo un intermediario relativamente grosso, sul mercato, e siccome è un prodotto già caro in tempi normali, abbiamo poche scorte per non immobilizzare troppa liquidità.

«Comprate tutto quello che riuscite a trovare da qui a stasera» continuò. «E soprattutto vigilate sulle vostre posizioni.»

Con questo, intende dire che bisogna fare attenzione affinché i nostri fornitori onorino davvero i loro contratti. Con i cinesi, gli indiani e gli olandesi, infatti, succede di frequente, quando non sistematicamente, che le merci non vengano consegnate quando i prezzi lievitano. Per loro ogni pretesto è buono per non rispettare gli impegni presi, e allora non bisogna esitare a supplicarli prima e a minacciarli delle peggiori rappresaglie dopo. Ma, riguardo alle mandorle, siamo fortunati: i principali produttori sono negli Stati Uniti, principalmente in California, e anche in Spagna (sebbene in misura minore), paesi dove le persone tendono a mantenere la parola. Non mi chiedete perché la parola di un americano valga più di quella di un olandese, non ne ho idea, è solo una constatazione frutto di esperienze personali pagate a caro prezzo.

Alla fine della riunione, tutti si alzarono come un sol uomo per tornare rapidamente al proprio lavoro. Sembravamo una squadra di pompieri sul luogo di un incendio. Ma, proprio quando stavo per uscire, il mio boss mi trattenne per il braccio: «Aspetta, c'è una cosa di cui vorrei discutere con te» mi disse a bassa voce guardando gli altri che se ne andavano.

Cominciavo a conoscerlo bene, e quel tono da cospiratore mi faceva presagire che non avremmo tardato a sfoderare la nostra proverbiale furbizia.

Una volta soli nella stanza, richiuse la porta con cautela e senza giri di parole mi chiese:

«Devi trovarmi molto velocemente, e con discrezione, qualche tonnellata di mandorle d'albicocca. Ho bisogno di un sapore il più neutro possibile.»

«Sì, nessun problema, te le trovo, ho dei buoni contatti in Turchia e in Iran. Per quale cliente?»

«Un belga.»

«Ah! Capisco.»

Per afferrare bene l'importanza di questo dettaglio, bisogna sapere che i nostri clienti più... diciamo "contorti" erano belgi. Tanto che avevamo finito, per una sorta di condizionamento psicologico professionale, per associare i termini "belga" e "disonesto". Questo non aveva nulla a che vedere con il razzismo nei confronti dei belgi, io li adoro e sono un fan sfegatato delle patatine fritte allo strutto e dei biscotti alla cannella, ma forse in Belgio c'era un microclima favorevole, o più verosimilmente delle lacune nei controlli di conformità.

«E sui documenti mettiamo solo "mandorla", hai capito?» mi domandò fissandomi negli occhi come per sondare la mia anima nel profondo e scoprirvi la nera fiamma della lealtà al servizio del lato oscuro della Forza.

«Sì, perfettamente.»

Non bisognava essere dei geni per capire che, con il rincaro della mandorla, i furbetti avrebbero cercato di sostituirla con il nocciolo d'albicocca, che costa molto meno. Il seme di albicocca, o armellina, è diverso dalla mandorla ("frutto del mandorlo", come diciamo noi specialisti) e ha un gusto più amaro, cosa che in genere non permette di sostituire l'uno con l'altro. Ma, in un periodo di crisi, si esce facilmente dal contesto consueto.

Quindi, abbiamo comprato mandorle d'albicocca, stando ben attenti a far figurare su tutti i documenti solo il termine "mandorla", denominazione generica che poteva applicarsi benissimo a entrambi i frutti secchi. Soprattutto, non bisognava che comparissero termini più specifici come "albicocca" o "mandorlo".

Così, il cliente belga mi ha comprato diverse tonnellate di queste armelline per farne della pasta di mandorle. Ne faceva di ogni tipo: bianca, rosa, verde, in bustine di cellofan per i bambini o in barrette per gli sportivi. La ricetta era semplice: zucchero e sciroppo di glucosio, armelline, aromi, coloranti e conservanti. E, naturalmente, poco frutto del mandorlo o niente del tutto.

Quello stesso cliente ha poi investito i suoi profitti in un impianto nuovo fiammante di marmellata industriale. Avete presente? Quelle deliziose marmellate in coppette di plastica che si trovano a colazione negli alberghi economici e di cui avevo promesso di riparlarvi...

Siccome anche lui era furbo, ha cercato di replicare il suo *business model* della pasta di mandorle nell'ambito della marmellata. Perciò gli abbiamo trovato degli acheni di fragola (i semini delle fragole) di cui si sbarazzano i produttori di succo, e anche dei concentrati di frutti di bosco e di sambuco, molto meno cari della fragola.

La ricetta: sciroppo di fruttosio e di glucosio (gli zuccheri naturalmente presenti nella fragola e che quindi potrebbero provenire dalle vere fragole: indispensabili in caso di analisi), acqua, succo concentrato di frutti di bosco (per il colore), acheni di fragola (marcatore visivo per conferire autenticità), pectina. Una bellissima marmellata di fragole senza fragole. Ma in fondo sto un po' esagerando: qualche semino di fragola c'è davvero.

Il nostro amico si è poi lanciato nella produzione di crema spalmabile alla nocciola senza nocciole e di maionese senza uova. Un vero e proprio mago del *food business*, il re del mangiare economico, il miglior alleato del nostro potere d'acquisto. Quando penso che qualcuno è diventato famoso per aver semplicemente trasformato dell'acqua in vino... Un lavoro da dilettante.

Dal momento che vi ho appena brevemente parlato degli sciroppi di fruttosio e di glucosio, mi sembra opportuno dedicare loro una piccola parentesi educativa. Infatti, questi sciroppi di zucchero si ritrovano in buona posizione nelle liste degli ingredienti di una miriade di prodotti alimentari: le bibite gasate e le altre bevande zuccherate, i sorbetti e i semifreddi, la maionese, il ketchup, gli affettati, le marmellate, le passate, le creme, le gelatine, i prodotti di panetteria, le zuppe e i piatti pronti, i dolciumi...

Nella parola "fruttosio" c'è la parola "frutta": è lo zucchero naturalmente presente in tutti i frutti maturi. Molti di voi saranno dunque stupiti di scoprire che il fruttosio prodotto industrialmente è invece ottenuto partendo dai cereali, essenzialmente mais e frumento. Concorderete che siamo piuttosto lontani dai bei frutti dolci e succosi che ci si potrebbe immaginare. Tuttavia, il procedimento è molto semplice.

La prima tappa consiste nell'estrarre l'amido dai cereali. Per quelli che non lo sanno ancora, il componente principale della farina di grano – la farina per fare il pane ottenuta semplicemente per frantumazione e vagliatura dei chicchi – è l'amido, uno zucchero detto "complesso". Una farina classica ne contiene circa il 70%. Per semplificare, l'amido è come una lunga catena i cui anelli sono le molecole di uno zucchero detto "semplice", il glucosio.

La seconda tappa consiste esattamente nel tagliare questa catena d'amido per liberare ogni anello e ottenere uno sciroppo di glucosio. È ciò che si chiama idrolisi dell'amido, per la quale è necessario l'uso di enzimi (alfa-amilasi e glucoamilasi, per chi fosse interessato) prodotti da organismi geneticamente modificati ad alto rendimento, i famosi OGM.

Per ottenere il fruttosio serve un'ultima tappa detta di "conversione enzimatica del glucosio in fruttosio". Anche qui si utilizza un enzima (glucosio isomerasi), anch'esso prodotto da OGM, che trasforma una molecola di glucosio in una molecola di fruttosio. Magia.

Come potete immaginare, se ci si prende la briga di produrre questo sciroppo di fruttosio, è perché presenta alcuni notevoli vantaggi per l'industriale. Innanzitutto, dal punto di vista economico, il fruttosio è molto interessante perché è meno caro del saccarosio (il nostro buon vecchio zucchero da tavola, di canna o di barbabietola). Anche il suo potere dolcificante è superiore, il che fa sì che si possano sostituire 100 grammi di zucchero tradizionale con 60 grammi di fruttosio e percepire un sapore dolce equivalente.

Il fruttosio è ugualmente interessante dal punto di vista tecnico, perché da una parte migliora la stabilità dei prodotti in cui viene incorporato, e dall'altra regala una bella colorazione bruna agli alimenti cotti, come la pasticceria da forno e altri prodotti di panetteria.

Infine – ed è forse la sua "qualità" principale, nonostante gli industriali si mostrino assai discreti su questo punto – il fruttosio favorisce la produzione di grelina, un ormone che stimola l'appetito. Per essere sazio, il consumatore che ingerisce fruttosio dovrà mangiare di più, cosa che si tradurrà alla fine in un maggior numero di prodotti venduti. In poche parole, più ne consumate, più ne sentirete il bisogno. È un sistema molto simile all'assuefazione al tabacco a lungo negata e favorita dai produttori di sigarette.

Naturalmente, se ci si mette dalla parte dei consumatori, il bilancio è ben diverso. Aggiungere zucchero alla propria alimentazione non risponde ad alcun bisogno biologico e la presenza di fruttosio nel cibo industriale non arreca alcun beneficio, ma al contrario seri inconvenienti per la salute. Un articolo di «Le Monde» del 30 gennaio 2015, intitolato *Il fruttosio è il principale motore del diabete*, che riprende i risultati di uno studio americano pubblicato dalla Mayo Foundation for Medical Education and Research, lo spiega molto bene: «Il consumo eccessivo di fruttosio determina delle modificazioni metaboliche. Esso costituisce il substrato del diabete di tipo 2 [una forma di diabete provocata dalla resistenza delle cellule all'insulina e che rappresenta il 90% delle forme della malattia], una malattia il cui incremento – più di 380 milioni di persone colpite nel mondo – ha assunto proporzioni epidemiche. Ogni anno, sul pianeta, più di cinque milioni di decessi sono dovuti al diabete, che insieme all'obesità e alla sedentarietà rappresenta un fattore di rischio cardiovascolare».

Oggi, nel mondo, un adulto su dieci è colpito da diabete di tipo 2. Questa proporzione è più che raddoppiata tra il 1980 e il 2008. Negli Stati Uniti, il 75% del cibo contiene zuccheri aggiunti e il consumo medio di fruttosio pro capite raggiunge il livello record di 83,1 grammi al giorno. Più di un adulto americano su tre è diventato, a gradi diversi, resistente all'insulina, segno di uno stato di prediabete che evolverà in diabete vero e proprio. I ricercatori stimano che l'aspettativa di vita delle persone colpite subirà una riduzione dai cinque ai dieci anni.

Eppure, consumare fruttosio allo stato naturale, nella frutta, non pone problemi per la salute. La ragione è che un frutto maturo ne contiene molto poco (in una pesca, per esempio, non ce n'è più dell'1%) e racchiude anche acqua, fibre, antiossidanti e altre sostanze benefiche per la nostra salute che sono drammaticamente assenti nel cibo industriale. Il problema è tutto qui. Del resto, l'Organizzazione Mondiale della Sanità raccomanda senza ambiguità di limitare l'apporto energetico degli zuccheri aggiunti a meno del 10% dell'apporto calorico giornaliero, o meglio ancora di scendere sotto il 5% per una salute ottimale.

Il mio consiglio: mangiate la frutta! E, quanto meno, evitate nei limiti del possibile le bevande zuccherate.

28
Delocalizzazioni: la legge della giungla

Uno dei nostri principali concorrenti ha chiuso uno dei suoi stabilimenti in Inghilterra. Quella fabbrica per il trattamento e il confezionamento delle spezie, ha annunciato, non era più redditizia, non era più a norma e le macchine erano totalmente obsolete. Una chiusura per motivi tecnologici, o economici, dipende.

Ebbene, qualche mese dopo, durante un giro in Turchia alla ricerca di nuovi fornitori di spezie, ho visitato una bellissima fabbrica, nuova di zecca, situata nella zona franca di Smirne. Comproprietà di quel nostro concorrente e di una società locale, l'azienda offriva i suoi servigi a una delle nostre filiali. Ho avuto la sorpresa di ritrovare lì, attive, tutte le macchine inglesi della fabbrica che aveva chiuso, ma ovviamente con degli operai turchi a farle funzionare. Alcuni di loro, d'altronde, erano occupati a confezionare tranquillamente a mano delle foglie di alloro in piccoli sacchetti di plastica la cui etichetta diceva *made in United Kingdom* – il che significa "fabbricato in Turchia", come avrete certamente intuito. Allora ho compreso meglio perché il nostro concorrente era meno caro di noi nella maggior parte delle gare d'appalto in cui eravamo in competizione.

Quindi anche noi, non meno furbi, abbiamo delocalizzato. Dopotutto, perché no? E poi quale altra scelta avremmo avuto? Insomma, abbiamo chiuso in Francia una fabbrica per il trattamento di erbe e spezie e un'altra che produceva surgelati, e licenziato una cinquantina di dipendenti. Salari troppo alti, contributi sociali e tasse di ogni tipo. Tutto troppo caro. Adesso le nostre macchine sono in Vietnam e in Cina, e danno da vivere a dipendenti vietnamiti e cinesi.

Se vi interessa capire come si fa, dovete sapere che in realtà è una cosa abbastanza semplice.

Prima tappa: scegliere con grande discrezione, nel paese a basso costo prescelto, i partner che vi serviranno da intermediari.

Seconda tappa: con uno sforzo discreto di propaganda, preparare gli animi a una possibile e spiacevole chiusura delle sedi. Per questo, basta annunciare con espressione accigliata dei pessimi risultati o la perdita di clienti importanti. Dopodiché, lasciar cuocere a fuoco lento.

Terza tappa: costruire senza sbandierarlo ai quattro venti la nuova fabbrica nel paese prescelto e organizzare la logistica.

Quarta tappa: annunciare, con gli occhi umidi e in tono funereo, la chiusura dello stabilimento, il piano di salvaguardia dell'occupazione e i licenziamenti, esagerando sensibilmente l'importanza di questi ultimi per rendere possibile poi una parvenza di trattativa con i rappresentanti del personale e indorare meglio la pillola.

Quinta tappa, il colpo di grazia: chiudere la fabbrica in questione dopo aver fatto un po' di scorta per lasciare il tempo al nuovo impianto di essere pienamente operativo e di subentrare al vecchio agevolmente e senza traumi.

Come vedete, nulla di complicato, l'importante è rispettare alcune regole elementari, come quella che impone di salvare le apparenze. Il liberismo non è l'assenza di regole, è l'applicazione della legge della giungla. Il liberismo non è anarchia. Esistono delle regole istituite dai potenti per favorire... i potenti.

La vera domanda da farsi non è se sia morale o no, ma: perché delocalizzare è così vantaggioso? Molto semplicemente perché si riducono i costi al minimo e si realizza il massimo dei profitti. L'abbiccì del capitalismo.

Per restare competitive, le aziende sono obbligate a cercare di economizzare sui costi di produzione e, in conclusione, a delocalizzare le loro fabbriche, i loro uffici tecnici, la loro contabilità ecc., nei paesi dove i costi sono più bassi. Delocalizzare risponde a una necessità vitale per l'azienda che viene messa in una situazione impossibile da politiche inadeguate. Un'azienda troppo ingenua o troppo poco reattiva è semplicemente condannata.

Come pensate di vincere una gara d'appalto nella grande distribuzione contro un concorrente inglese che ha delocalizzato la sua produzione in Turchia, se proponete un prodotto sì di miglior qualità e *made in France*, ma più caro del 20%?

Ora, come ammette l'Osservatorio francese delle congiunture economiche (OFCE) nella «Lettera dell'OFCE»[8], «tutti i paesi sono messi in concorrenza [...] i lavoratori che sono riusciti a ottenere retribuzioni, condizioni o legislazioni del lavoro troppo vantaggiose, si vedono preferire lavoratori meno esigenti».

8 C. Mathieu, H. Sterdyniak, *Delocalizzazione e occupazione in Francia, che fare?*, in «Lettera dell'OFCE», n° 264, lunedì 4 luglio 2005.

Ecco i costi di un'ora di lavoro non qualificato:
- paesi del Maghreb (Tunisia, Algeria, Marocco): 4 euro;
- paesi dell'Europa centrale e orientale: 8 euro;
- Cina, Vietnam: 2 euro;
- Francia: 20 euro.

Un lavoratore cinese o vietnamita costa meno di un decimo di un dipendente francese, a fronte di più ore di lavoro settimanali, meno vacanze e una maggior docilità. Si tratta di lavoratori che possono essere licenziati immediatamente, senza preavviso né indennità. E per loro non sono previsti nessun RMI (reddito minimo di inserimento), nessuna indennità di disoccupazione, niente APL (sussidio statale per l'alloggio) né CMU (copertura sanitaria universale), niente scuole né cure gratis, niente sovvenzioni per genitori singoli né pensioni minime di vecchiaia, niente SMIC (salario minimo orario) né tredicesime o assegni di inizio anno scolastico...

In Cina, paese ex comunista, la miseria significa morire di fame in casupole con tetti di lamiera e muri di terra nel profondo delle remote province dell'Hebei o dello Yunnan. Allora capirete meglio perché i nostri lavoratori cinesi accettano sorridendo condizioni di lavoro che la maggior parte delle persone in Francia rifiuterebbe.

E la distanza non è più un problema. In seguito allo sviluppo degli scambi internazionali, da vent'anni a questa parte il costo del trasporto, soprattutto marittimo, non ha fatto che diminuire e non costituisce più un freno per gli scambi transcontinentali. Le ultime generazioni di portacontainer trasportano tra Shanghai e Amburgo 18.000 container per viaggio, per meno di 1.000 euro a container, con consegna in tre settimane. Quando importo un container che contiene 20 tonnellate di aglio disidratato proveniente dalla Cina, primo produttore mondiale, il trasporto mi costa meno di 5 centesimi di euro al chilo. Una cifra irrisoria!

Ma non sono solo il costo del lavoro e la legislazione accomodante che spingono a investire in Cina. È anche una questione di mentalità, di pragmatismo economico. Sappiate per esempio che il terreno della nostra nuova fabbrica, interamente risanato e recintato, ci è stato dato dal comune. Non abbiamo pagato niente! *Nada!*

Ogni anno, riceviamo dal governo locale un premio in contanti proporzionale al valore delle nostre esportazioni. Dovete ammettere che è molto più incentivante dell'estorsione sistematica attuata sui magri margini delle aziende dal fisco di certi paesi di cui non farò il nome.

Avrete dunque capito che la delocalizzazione non è altro, per l'imprenditore, che una reazione logica da buon amministratore: produrre là dove è meno caro e vendere là dove c'è potere d'acquisto. Gli industriali cercano soltanto di trarre il miglior profitto dalle regole che gli stati impongono loro. Non fanno le leggi, ma devono adeguarvisi.

29
Supermercati: alleati del vostro potere d'acquisto?

Stamattina, la riunione di lavoro settimanale con i *cat man* è stata agitata... Ah, scusate, *cat man* è un'abbreviazione per *category manager*, in parole povere il commerciale incaricato di vendere una specifica gamma di prodotti a un cliente della grande distribuzione.

CAT MAN 1. Mi servono 100.000 flaconi di ketchup da 450 millilitri a marchio Distribubbole con il 20% di sconto per i trent'anni di attività.

IO. Nessun problema, ma costerà il 20% in più.

CAT MAN 1. Dobbiamo farlo allo stesso prezzo, o addirittura con uno sconto. È per la ricorrenza, dobbiamo partecipare, se non vogliamo che ci tolgano dagli scaffali.

IO. Quindi venderemo in perdita, il che è proibito, così come abbiamo fatto il mese scorso con lo stesso cliente per i "quindici giorni del rientro", e due mesi prima per l'operazione "una spintarella alle vostre vacanze" e così via.

CAT MAN 2. Non abbiamo scelta, se non facciamo queste operazioni verremo subito sostituiti dagli olandesi o dai belgi.

IO. Sono solo pretesti per costringerci a cacciare la grana e per recuperare il massimo di margine. Dicono la stessa cosa agli olandesi per taglieggiare anche loro.

CAT MAN 3. Io avrei bisogno di fare dei lotti di funghi surgelati per un 2x1, ne devo avere ventimila per i supermercati SuperFluo del Sudovest. È per i quindici giorni dei "prodotti locali".

IO. Urca, questo vuol dire vendere il prodotto al 50%, andiamo in perdita totale, laggiù!

CAT MAN 3. O così, o perdiamo il mercato nazionale. E ne ho parlato al capo, lui è d'accordo.

IO. Oltretutto sono funghi cinesi: te li sogni, quelli locali.

CAT MAN 3. Chissenefrega, la casalinga non lo scoprirà mai. Sulla confezione metteremo in evidenza la ricetta, una padellata alla sarladaise.

IO. Ma ragazzi, non ne avete piene le tasche di farvi mettere i piedi in testa dalle catene di supermercati?

CAT MAN 1. Se tu sapessi. A te non tocca vedere tutto quello che vediamo noi, vecchio mio. Pensa che adesso dobbiamo pagare anche solo per presentare i nostri prodotti ai responsabili dei reparti! Questa cosa la chiamano "saloni regionali interni". Dobbiamo prendere in "affitto" da loro un pezzo di scrivania per una fortuna, e la partecipazione è obbligatoria. Ci sono anche le penali per il ritardo se il fattorino arriva quindici minuti dopo, le partecipazioni ai "budget pubblicitari" e altre promozioni immaginarie. Dobbiamo pagare per la scaffalatura, la fidelizzazione dei clienti, per i pezzi danneggiati... Se ne inventano una nuova tutti i giorni.

In quanto fornitore, sono nella posizione giusta per dirvi che in Francia la grande distribuzione ha fatto man bassa dell'industria agroalimentare. Le cinque catene francesi sono presenti ovunque nel mondo, dalla Cina al Sudamerica passando per l'Africa. Un successo che è stato finanziato in questi ultimi vent'anni tramite il salasso inflitto alle piccole e medie imprese francesi, e da un'indubbia emorragia del potere d'acquisto dei consumatori: voi.

Il rapporto di forza è talmente squilibrato che una piccola o media impresa non ha il minimo peso di fronte ai mastodonti della distribuzione. Le centrali d'acquisto le impongono sistematicamente delle condizioni ingiuste che essa deve accettare con il sorriso. Questi vincoli portano molte imprese al fallimento o, com'è stato il nostro caso, le spingono a delocalizzare. Alcuni grandi gruppi di distribuzione sono persino diventati esperti nel rilevare piccole società dopo averle spinte alla rovina.

Oggi, in Francia, non esistono quasi più macellerie, panetterie e gastronomie indipendenti. Le piccole e medie imprese agroalimentari hanno un unico sbocco commerciale possibile: vendere alla grande distribuzione. Se vogliono farlo, devono per prima cosa passare alla cassa. Verrà imposto loro il versamento di una certa somma per l'esposizione, qualche partecipazione pubblicitaria e altre prestazioni fittizie. Una volta che il prodotto è sullo scaffale, bisognerà pagare ancora per conservare il posto, pagare per partecipare a "operazioni promozionali" tipo "anniversario della catena", insomma versare i famosi sconti fornitori che rappresentano una grossa parte del prezzo del prodotto.

Il problema è che nulla vieta ai supermercati di fatturare al proprio fornitore queste "prestazioni" o delle penali improprie. E di certo loro non ci rinunciano, credetemi.

Non è un problema vostro? Ve ne infischiate? Avete torto, perché il consumatore non può mai uscirne vincitore. L'industriale è obbligato a integrare nel suo prezzo di vendita tutti gli sconti fornitori che sa di dover versare in seguito e, per restare comunque competitivo, ad abbassare i suoi costi, cioè, in ultima istanza, la qualità dei prodotti.

Gli ipermercati, con la loro bulimia di sconti fornitori, fanno coscientemente salire i prezzi facendo credere nel contempo ai clienti che si stanno battendo per loro contro gli industriali cattivi. Ma sappiate che oggi gli sconti fornitori possono rappresentare più del 60% del prezzo finale pagato dal consumatore, e che la media nel settore alimentare è di circa il 35%.

François Rullier, il direttore dell'Istituto di collegamento e di studi delle industrie di consumo (ILEC), spiega che quando il consumatore paga 10, l'industriale incassa 6,50 e il distributore 3,50. Quando il prezzo aumenta, due terzi finiscono in tasca al distributore, il 10% è per l'industriale e un quarto è riservato al consumatore sotto forma di buoni sconto o buoni omaggio, quelli che chiamiamo "nuovi strumenti promozionali". Quindi, potete constatare da voi che c'è tutto l'interesse ad aumentare i prezzi.

I nuovi strumenti promozionali, ultima trovata dei supermercati per infinocchiare i gonzi, sono finanziati dagli sconti fornitori e quindi sono già compresi nel prezzo di vendita. Queste piccole elargizioni, siete voi che le pagate. Ci sarà un motivo se la Francia è uno dei paesi più cari d'Europa (il 15% in più della Germania, per esempio, secondo quanto rilevato dalla Morgan Stanley).

Ora, nulla vieterebbe agli ipermercati, per esempio abbassando semplicemente i loro prezzi, di restituire in blocco gli sconti fornitori ai consumatori, cosa che si guardano bene dal fare.

Sappiate che lo stato riscuote la sua decima imponendo

un'IVA del 20% sugli sconti fornitori, mentre invece sui prodotti alimentari è solo del 5,5%. Comunanza di interessi? Sta a voi farvi un'opinione.

Ancora un'informazione necessaria alla vostra istruzione: di alcuni prodotti abbiamo due gamme identiche, ma con un marchio diverso e... il 40% di differenza nel prezzo di vendita. Sapete perché?

Semplicemente perché una gamma integra i famosi sconti fornitori e sarà venduta a caro prezzo ai supermercati, mentre l'altra sarà venduta a un prezzo reale di mercato agli *hard discount*, che invece non impongono sconti fornitori.

Perché due gamme? Perché non cambiare semplicemente il prezzo a seconda del cliente? Per l'unica buona ragione che è vietato, in Francia, vendere le stesse cose a un prezzo diverso a seconda del cliente: è discriminatorio. Una legge tra le più lodevoli, ma facilmente aggirabile tramite la creazione di due marchi diversi per i medesimi prodotti.

Un'azienda che vuole vendere contemporaneamente ai supermercati classici e agli *hard discount* deve quindi sdoppiare le sue gamme, cambiando i marchi o le grammature, in breve rendendo i prodotti artificialmente diversi. Così la legge viene beffata, i consumatori si sentono smarriti e solo i supermercati ci si raccapezzano.

Inoltre, quando non ci si chiama Nestlé, Danone o Coca-Cola, è molto difficile guadagnarsi il diritto di mettere i propri prodotti alimentari sugli scaffali di un ipermercato. Gli spazi sono molto cari, e monopolizzati dai *market leader* e dai famosi MDD o "marchi dei distributori" (possono essere costituiti o semplicemente dal nome del distributore o da una marca inventata che appartiene al distributore e si trova solo nei suoi punti vendita). Lo scopo degli ipermercati, tramite i marchi del distributore, è di appropriarsi del margine prodotto dalle grandi marche e indebolirle. I loro prodotti fanno concorrenza in modo sleale ai prodotti delle marche industriali. Sono largamente favoriti dal distributore per quanto riguarda l'inserimento nei reparti, e i margini sono manipolati perché sembrino meno cari dei loro equivalenti delle grandi marche. Quanto al consumatore, in realtà non ha niente da guadagnare.

Per sopravvivere, le piccole e medie imprese dell'agroalimentare spesso non hanno altra scelta se non quella di "fare MDD", cioè fabbricare prodotti dei marchi dei supermercati, senza la possibilità di promuovere i propri. Beninteso, i supermercati non sanno niente dei prodotti sui quali fanno apporre i loro nomi e loghi. Il loro lavoro è distribuire, non fabbricare. E come potrebbero essere esperti di biscotti, minestre, piatti pronti, gelati alla crema, pannolini per neonati, sciampi e piccoli elettrodomestici?

I compratori dei supermercati, oberati di lavoro e mal pagati, si fanno carico di un considerevole numero di prodotti che non conoscono. Non sono informati su quello che acquistano e cambiano categoria di prodotti regolarmente, in media ogni tre anni, per evitare qualsiasi connivenza con i fabbricanti. I superiori esercitano su di loro una pressione terribile affinché paghino i prodotti sempre meno. Per ottenere questo, tutti i mezzi sono buoni.

Allora, mi direte, se non ne sanno niente, come fanno a far fabbricare un prodotto e a controllarne la qualità?

Semplice, chiedono all'industriale di copiare le marche

leader (Nutella, Ricard, Coca-Cola, Lipton, Danone...) e di mettere il loro nome sulla confezione.

Il capitolato d'appalto dei prodotti MDD è ricalcato sulle caratteristiche dei prodotti delle grandi marche. Naturalmente, si esige dal fabbricante una totale trasparenza dei prezzi, il nome dei suoi fornitori di materie prime, i dettagli del processo...

Per assicurarsi che il fabbricante non nasconda niente, gli impongono, a sue spese, certificazioni intrusive come la BRC (British Retail Consortium) o l'IFS (International Food Standard), che vanno ad aggiungersi alle certificazioni di qualità in uso nell'industria, come l'ISO, l'HACCP...[9]

Per quanto riguarda le confezioni, nessun marketing complicato. Ancora una volta si copia, si "riprendono i codici" dei leader. La prossima volta che andate nel vostro supermercato preferito, osservate come le marche dei distributori assomigliano alle grandi marche: formati, colori, illustrazioni, caratteri...

Tutto è stranamente simile, tranne il contenuto.

Perché, quando dico che i prodotti MDD copiano i leader, voglio dire che copiano soprattutto ciò che si vede. Il risultato di solito non è all'altezza, essenzialmente per ragioni di capacità professionale specifica, ma non solo. Il prodotto deve sembrare equivalente, ma deve essere meno caro. Ai piccoli industriali vengono concessi margini insufficienti, cosa che non permette loro né di investire nella ricerca e nella produzione né di pagare bene i loro dipendenti. Questa quadratura del cerchio impone gene-

9 L'ISO (International Organization for Standardization) è il più autorevole organismo a livello mondiale per la determinazione e la standardizzazione delle regole tecniche, di valutazione e di ispezione e dei processi produttivi. L'HACCP (Hazard-Analysis and Critical Control Points) certifica la salubrità e la sicurezza di un prodotto alimentare [N.d.T.].

ralmente delle differenze nella qualità degli ingredienti e nell'uso di additivi, e un degrado della ricetta originale.

I prezzi troppo bassi nuocciono incontestabilmente alla qualità. Ora, nell'industria non esistono miracoli, la qualità ha sempre un costo e posso dirvi che in questi ultimi anni la qualità dei prodotti che vendiamo alla grande distribuzione non ha fatto altro che diminuire, mentre i prezzi di vendita al consumatore finale non hanno fatto altro che aumentare. Cercate l'errore.

Scettici?

Giudicate voi stessi: ecco com'è andata da noi con la crema spalmabile, per l'acqua di fiori d'arancio, e per il miele.

CAT MAN DISTRIGNAM. Ci chiedono se possiamo fare della Nutella con il loro marchio.

IO. Quindi vogliono della crema spalmabile alle nocciole che assomigli il più possibile a quella della Ferrero venduta con il marchio Nutella, è così?

CAT MAN DISTRIGNAM. È quello che ho appena detto, vogliono della Nutella, ma con il loro marchio. Una copia, insomma.

IO. Ok, ma la Nutella contiene il 13% di nocciole, è l'ingrediente più caro della ricetta, il resto è soprattutto olio e zucchero. Se partiamo con la stessa percentuale di nocciole, arriveremo praticamente al loro stesso prezzo.

CAT MAN DISTRIGNAM (sussultando, con il volto alterato, come se quell'osservazione fosse un attacco personale). Non è possibile!

IO. Possiamo farla meno cara, ma l'unico modo è abbassare la percentuale di nocciole. Però il prodotto non sarà del tutto identico.

Cat man DistriGnam. Ne parlerò al cliente e chiederò dei campioni alla Ricerca e Sviluppo.

Lo ha fatto, e il cliente ha accettato una crema spalmabile alle nocciole con il 10% di nocciole soltanto, un po' meno cacao, meno latte in polvere e più zucchero. Era meno buona della Nutella, ma sensibilmente meno cara.

La cosa è andata avanti qualche mese, poi il compratore della grande distribuzione è cambiato e quello nuovo, per raggiungere i suoi obiettivi di abbassamento di prezzo, ci ha chiesto di "rimaneggiare il prodotto".

Allora abbiamo diminuito le nocciole a meno del 5%. Ma stavolta il prodotto era decisamente molto diverso dal prodotto leader e il buon sapore di nocciole quasi assente. Perché la cosa reggesse, il nostro reparto Ricerca e Sviluppo ha aggiunto dell'aroma di nocciola e il gioco era fatto. Meno caro, sapore, colore e consistenza vicini a quelli del prodotto leader, eppure potreste dire che questi prodotti che si assomigliano sono della stessa qualità?

Anche il caso dell'acqua di fiori d'arancio è emblematico.

Ogni anno vendevamo tranquillamente decine di migliaia di bottiglie di vera acqua di fiori d'arancio, prodotto naturale ottenuto dalla distillazione dei fiori. La qualità era eccellente, il gusto delicato, sfaccettato, deciso, ma... Indovinate... era troppo caro per i nostri clienti della grande distribuzione e i loro marchi di distributori.

Per rispondere alla loro aspettativa, abbassare i prezzi, abbiamo sviluppato, con un aromatiere della zona di Grasse, un aroma molto concentrato di "fiore d'arancio" ottenuto a partire da trucioli di legno. Un litro di aroma diluito in mille litri d'acqua permetteva di ottenere un prodotto finito artificiale che non costava quasi niente. In più, questo aroma non era sensibile alla luce e non imponeva, come la vera acqua di fiori d'arancio, di utilizzare una bottiglia colorata, generalmente azzurra.

In un primo tempo abbiamo mischiato vera acqua di fiori d'arancio e aroma. Naturalmente, il nostro cliente non ha cambiato l'etichetta, non ha informato i consumatori, e ancor meno ha abbassato il prezzo di vendita.

Alla fine, l'acqua di fiori d'arancio, troppo cara, è stata totalmente sostituita con l'aroma, sempre senza dichiarare nulla. Fino al giorno, molto tempo dopo, in cui l'autorità antifrodi ci ha richiamato all'ordine e ha imposto di indicare chiaramente sulla confezione che si trattava di un aroma e non di una vera acqua di fiori.

Questo è il motivo per cui oggi al supermercato non trovate più delle vere acque di fiori d'arancio o di rosa... ma volgari aromi più o meno chimici, fabbricati non si sa come e non si sa con cosa.

È andata in maniera simile nel caso di un miele per una catena di distribuzione rivolta ai professionisti della ristorazione.

Un giorno il compratore ci ha improvvisamente chiesto di abbassare il prezzo del miele che vendeva col suo marchio in confezioni di grosso formato: vasi da 2 chili e mezzo e da 10 chili, destinati alle pasticcerie, ai ristoratori o a piccoli produttori di biscotti. Naturalmente, questo miele primo prezzo era miele cinese di bassa qualità ed era impossibile trovarne di più economico.

Il marchio ha quindi deciso di lanciare un nuovo prodotto: un miscuglio composto per l'80% di miele e per il 20% di glucosio. Le vendite di questo miscuglio meno costoso sono decollate rapidamente, a detrimento del vero miele.

Ovviamente, questo non è stato sufficiente e siamo progressivamente passati a un miscuglio prima con una proporzione di 60/40 e poi di 51/49, per conservare la denominazione "miele-glucosio".

Ma siccome i clienti si erano abituati e alla fin fine se ne fregavano delle denominazioni, visto che non erano i consumatori finali, abbiamo lanciato un "glucosio-miele" al 40 di miele e 60 di glucosio, usando un miele scuro per conservare un minimo di colore.

L'ultimo passo è stato l'aggiunta di caramello per il colore e dell'aroma di miele per il sapore: siamo così arrivati prima a un miscuglio 20/80 e poi, finalmente, al 100% di glucosio colorato aromatizzato.

Pensate ancora che i prodotti a marchio del distributore (alcuni dei quali nemmeno fanno riferimento esplicito alla catena, per non svalutare la propria immagine) siano equivalenti a quelli delle grandi marche? Liberissimi di farlo. Per aver conosciuto quella realtà dall'interno, posso assicurarvi che la differenza di prezzo si spiega generalmente con una differenza di qualità, nonostante quello che vi dicono i distributori. O quelli che non hanno mai messo piede in una fabbrica.

30
Colpevoli, ma non responsabili

Uno dei miei colleghi, un amico, ha lavorato per molto tempo come compratore per un grande marchio toccato di recente dallo scandalo della carne di cavallo. Sapeva, come molti altri nella sua società, che il manzo che comprava era strano e troppo a buon mercato per essere onesto, ma nessuno, prima che scoppiasse lo scandalo, si è davvero messo a indagare su ciò che non andava.

La documentazione che riceveva – fatture e documenti di viaggio per la contabilità, certificati d'analisi di base, certificati d'origine e veterinari per i suoi servizi qualità – era tutta apparentemente conforme. Nell'azienda, ogni reparto, ogni responsabile, aveva il necessario documento conforme che lo esonerava da ogni responsabilità in caso di problemi.

La sua azienda aveva delle procedure simili a quelle in vigore nella mia. Entrambe avevano ottenuto le più alte certificazioni di qualità internazionali, e condividevano la stessa cultura e la stessa mentalità.

«Perché non hai fatto niente se pensavi che il manzo avesse qualcosa che non andava?» gli ho chiesto.

«Ne ho parlato al mio responsabile, al direttore della fabbrica e al responsabile della qualità, ma tutti i documenti erano conformi, allora non abbiamo fatto niente. Avevamo tutti altre priorità.»

Capivo perfettamente, perché avrei potuto dire esattamente la stessa cosa se mi avesse fatto la stessa domanda a proposito di certi miei prodotti.

Il mio amico comprava manzo e riceveva cavallo, tutti quanti sospettavano che ci fosse un problema, ma nessuno rischiava nulla. Tutti erano coperti perché la loro responsabilità si limitava al possesso di un documento conforme, prova assoluta che avevano fatto il loro lavoro coscienziosamente. Se il documento in questione si rivelava essere un falso, allora il biasimo sarebbe ricaduto sul cattivo fornitore, o sul fornitore del fornitore, lontano, nel paese vicino o un po' più lontano ancora.

E se, alla fine, un problema si verificava, la cosa non doveva fare rumore, poiché la consuetudine voleva che queste situazioni venissero trattate con discrezione tra i professionisti e le autorità. I consumatori, beninteso, non ne avrebbero saputo nulla, com'era capitato tante volte in passato.

I tempi cambiano e lo scandalo non ha potuto essere soffocato. Nessuno aveva immaginato delle ripercussioni tali in assenza di morti e feriti, e senza che nessuno avesse sofferto di alcuna intossicazione alimentare.

Questa volta i giornalisti hanno svolto perfettamente il loro ruolo con inchieste serie, informando correttamente i consumatori e denunciando le derive del settore. Non hanno mollato, ed è grazie a loro che da questa faccenda si potranno trarre delle lezioni e che un giorno la sicurezza alimentare non sarà più solo una bella parola. O almeno si spera.

Perché non bisogna illudersi che gli industriali e i loro

dipendenti facciano le pulizie da soli senza che vi siano vigorosamente spronati. Produrre qualità è più complicato e più costoso. Nessuno desidera accollarsi dei vincoli supplementari in un ambiente che è già di per sé molto stressante e concorrenziale.

E poi, anche se alcuni dipendenti isolati volessero migliorare le cose, non potrebbero. L'azienda non funziona seguendo un modello democratico in cui ognuno esprime liberamente le proprie idee e i propri dubbi. La gerarchia comanda e fa applicare le sue decisioni. Se volete ottenere i vostri premi di fine anno, una promozione, che il capo vi inviti a pranzo ogni tanto e vi dia una pacca sulla spalla, o qualsiasi altra forma di gratificazione, è meglio non essere percepiti come un elemento perturbatore. Nemmeno l'ambiente è adatto. I vostri colleghi, i fornitori, i clienti stessi… a nessuno piacciono i guastafeste.

«E tra voi parlavate spesso dei vostri dubbi sulla qualità del manzo?» ho chiesto al mio amico, per affinare il mio confronto tra le nostre due società.

«Certo, continuamente!» ha esclamato come se finalmente potesse lasciare libero corso alla collera per non essere stato ascoltato, per non aver agito prima.

«Ma mai per iscritto, giusto?»

Mi ha guardato senza aggiungere una parola, ci eravamo capiti alla perfezione. Non c'era davvero nessuna differenza.

La "qualità" esibita dalle nostre aziende, come da molte altre, è solo di facciata. Scioriniamo grandi e nobili discorsi, sbandieriamo i nostri impegni etici, i nostri certificati, le nostre procedure… Tutto quanto riempie decine di schedari e interi armadi di carta. Si scrive ogni cosa, fin nei minimi dettagli, dalle caratteristiche del sapone liquido da usare nei bagni al colore delle salviette di carta per asciugarsi le mani nei reparti. Ognuno conserva gelosamente i messaggi di posta elettronica per serbare traccia di ciò che gli hanno chiesto o mandato, per ogni evenienza. Ma tutto questo è solo la parte emersa dell'iceberg, la parte presentabile, l'alibi di un lavoro serio e responsabile.

Perché non troverete alcuna traccia scritta dei dubbi che nutriamo sulla qualità delle nostre spezie, del miele o del manzo del mio amico. Gli argomenti "delicati" vengono affrontati a voce durante le riunioni in comitato ristretto, o per telefono. Nessuna traccia, nessuna prova.

È a voce che il mio capo mi ha chiesto di triturare il peperoncino con lo sterco di topo, di comprare origano che non era origano o concentrato di pomodori cinesi marci. È a voce che il responsabile della qualità mi ha spiegato che gli servivano delle analisi conformi a questo o quel valore per questo o quel parametro. E sempre a voce il direttore della produzione mi ha chiesto qualche pallet di un certo additivo che poi è scomparso nei meandri dello stabilimento, perché stranamente non è apparso in nessuna delle liste di ingredienti stampati sulle nostre confezioni.

Voi pensate che questo non sia possibile, che gli ispettori che rilasciano i certificati di qualità non possano ignorare simili irregolarità. Vi dirò soltanto che sono stato sottoposto a ispezione decine di volte e che abbiamo sempre ricevuto ottimi giudizi sul nostro sistema di garanzia della qualità. Sì, eravamo certificati al più alto livello possibile.

E perché non dovrebbe essere altrimenti, dal momento che gli ispettori sono solo degli imbrattacarte? Dategli il documento giusto – vero o falso che sia, non importa, visto che non hanno né il tempo né i mezzi per verificarlo – e saranno felicissimi. Contratti con intestazione, specifiche con le formule corrette, certificati con le cifre giuste nelle caselle giuste, ed è tutto a posto!

Vi racconto quanto segue a titolo di aneddoto.

Qualche volta nella mia carriera è successo che, in presenza di un rischio troppo grande, la macchina si inceppasse. Per essere chiari, quando l'imbroglio è troppo visibile, il buon senso vi dice che ci sono grossi rischi di farsi beccare e di farsi bacchettare severamente sulle dita, e allora nessuno vuole prendersi la responsabilità di lanciare la produzione o di convalidare il prodotto.

Ma rassicuratevi, la cosa non dura a lungo e va più o meno in questo modo:

IL DIRETTORE DELLA PRODUZIONE (generalmente una persona dal linguaggio diretto). No, ma voi siete matti, non posso fare la maionese con l'olio di soia OGM! Il cliente ha un capitolato d'appalto "100% non OGM". Questi compratori fanno schifo! Finiremo in galera, per colpa delle vostre cazz…

IL COMPRATORE (in questo caso io, ma di solito delle persone per bene). In questo momento il fornitore non ha scorte di soia garantita non OGM. Se il cliente ne vuole, deve aspettare due settimane, altrimenti può cambiarlo con olio di colza ugualmente non OGM, ma più caro.

IL DIRETTORE DELLA PRODUZIONE. Non mi prendo la responsabilità di fabbricare con olio OGM, ne parlerò alla direzione, non dobbiamo dec…

LA DIREZIONE (generalmente delle persone che hanno una risposta a tutto). Può usare quest'olio senza paura, amico mio, è per un cliente nella ristorazione collettiva, la maionese verrà consumata molto in fretta. Nessuno si accorgerà di niente, e una mescolanza accidentale o un errore del fornitore sono cose che possono sempre capitare...

IL DIRETTORE DELLA PRODUZIONE (generalmente delle persone non completamente idiote). In questo caso mi serve qualcosa di scritto per sbloccare il lotto.

LA DIREZIONE (generalmente delle persone che non fanno scritti). Caro amico della qualità, come sta la sua famigliola? A proposito, congratulazioni per il buon esito del nostro ultimo *audit*, sono impressionato. E, naturalmente, ha il mio via libera per il suo corso di formazione alla redazione delle procedure in gotico semplificato sulla Costa Azzurra, ne approfitti per prendere qualche giorno di vacanza, lo faccia per me. Ora che ci penso, sarebbe bene se potesse liberarmi di questo piccolo lotto di olio di soia, per produrre abbiamo solo quello in magazzino, e il cliente ha fretta. Lo farei io stesso ma stupidamente mi sono slogato il polso questo weekend, sì, una sciocchezza, per via di una cattiva impugnatura del mio ferro 7. È nell'interesse dell'azienda, conto su di lei.

IL RESPONSABILE DELLA QUALITÀ (generalmente un gran babbeo, cosa che gli è valsa la nomina). Che idiota questo direttore della produzione a non capire che è nell'interesse dell'Azienda. Adesso gli faccio quel foglio.

LA DIREZIONE (generalmente delle persone riconoscenti). Sapevo di poter contare su di voi anche questa volta.

Chiaramente avete capito che, nel caso di un problema serio, tutti si dimenticheranno cosa è stato detto, ma l'accordo scritto del responsabile della qualità farà sì che sia lui a doversi assumere tutta la responsabilità dell'"errore". Nessuno gli sarà grato per tutti i rischi che avrà corso al posto della direzione e, se finirà in tribunale, ci finirà da solo.

Allora, mi direte, come lottare contro la frode alimentare se i professionisti stessi non sono capaci di fare pulizia in casa propria?

In realtà, forse sarete sorpresi di sapere che le soluzioni sono note da molto tempo e che sono relativamente semplici, almeno in linea di principio, se non nella loro messa in pratica.

Queste soluzioni sono molto ben riassunte in un rapporto pubblico redatto nel luglio 2014 per il ministero dell'Ambiente britannico dal professor Chris Elliott, esperto di sicurezza alimentare e docente della Queen's University[10].

Lo sradicamento delle frodi alimentari in Europa sarà possibile solo se ci sarà una volontà politica forte seguita dall'applicazione di alcuni dei principi seguenti, la maggior parte dei quali sono semplice buon senso.

In primo luogo, l'interesse dei consumatori deve prevalere su ogni altra considerazione ed essere il fine di ogni sforzo. Ciò significa non attenersi più ai soliti discorsi, politicamente corretti, ma farne una realtà tangibile. I poteri pubblici non devono più soffocare gli scandali alimentari per squallide ragioni economiche dalle implicazioni a breve termine. Le priorità devono essere invertite, la sicurezza a lungo termine privilegiata. Bisogna smettere di proteggere gli industriali, gli ipermercati e il commercio internazionale a scapito dei consumatori, vittime di que-

10 www.gov.uk/government/uploads/system/uploads/attachment_data/file/350726/elliot-review-final-report-july2014.pdf

ste cattive pratiche. Devono essere compiuti degli sforzi reali per informare meglio, per educare, proteggere e per dare fiducia al consumatore.

Bisogna anche mettere in atto una politica di tolleranza zero nei confronti dei professionisti scorretti. Chi froda, chiunque sia, ovunque sia, dev'essere sanzionato rapidamente e duramente, anche in caso di "piccole frodi". Le indagini devono poter essere svolte senza ostacoli, con mezzi sufficienti, perché siano stabilite le vere responsabilità. Allo stesso modo, le buone iniziative devono essere incoraggiate. Perciò bisogna coinvolgere i professionisti coscienziosi e incitarli a testimoniare e a denunciare le cattive pratiche di cui potrebbero essere a conoscenza o che potrebbero sospettare nell'ambito della loro attività.

L'informazione deve essere centralizzata e meglio condivisa, vale a dire raccolta, trattata e trasmessa a coloro ai quali può essere utile. Tra gli industriali e gli enti governativi, nonché tra gli stati stessi, devono svilupparsi in questo ambito una reale collaborazione e dei veri scambi con le associazioni di consumatori. Ma perché l'informazione sia ben utilizzata, bisogna anche che il coordinamento della lotta contro la frode alimentare sia sotto la responsabilità di un'unica autorità competente e specializzata.

Gli industriali poco scrupolosi approfittano della minima falla e imprecisione del sistema. La minima indeterminatezza nelle procedure e nei testi viene sfruttata a loro vantaggio. Si devono quindi evitare a ogni costo inutili ambiguità e complessità. Bisogna favorire la standardizzazione delle analisi, delle certificazioni, dei controlli. Semplificare e generalizzare le buone pratiche, razionalizzare gli *audit*, migliorare gli standard.

Le autorità di controllo a livello locale devono essere

la punta di diamante della strategia di sradicamento delle frodi alimentari. Sono le più adatte – per la loro vicinanza alle unità di produzione, la loro conoscenza degli attori e delle filiere locali, la loro agilità – a lottare efficacemente contro le frodi a uno stadio precoce. Esse dunque devono disporre dei mezzi sufficienti a portare avanti in modo efficace ogni loro azione.

Educazione, prevenzione, sorveglianza, controlli, sanzioni: tutto questo senza dubbio ridurrà considerevolmente le frodi alimentari, ma sfortunatamente non le impedirà mai al 100%. Perciò quando, nonostante tutto, una frode viene scoperta, devono essere messi in atto meccanismi efficienti di gestione della crisi. Gli allarmi devono essere diffusi rapidamente ed efficacemente, i servizi d'emergenza mobilitati, i prodotti incriminati identificati grazie ai sistemi di tracciabilità e di messa in quarantena.

Come vedete, nulla di complicato, ma bisogna volerlo veramente e dotarsi dei mezzi giusti. Ma immagino che perderete ogni ottimismo apprendendo che, secondo l'Istituto di sorveglianza sanitaria, in Francia ogni anno si verificano ancora oltre 500.000 intossicazioni alimentari, che portano a 15.000 ricoveri e uccidono tra le 250 e le 700 persone. In questo non c'è nulla di sorprendente, quando si sa che una cucina collettiva viene controllata in media ogni dodici anni, e un ristorante ogni trenta. Sicuramente, con i due controlli che ho subito in vent'anni, devo aver fatto salire la media. Nessuna volontà reale, niente mezzi... e centinaia di morti che potremmo evitare.

Epilogo
Piccola guida di sopravvivenza al supermercato

Siamo sinceri e diretti: l'unica cosa che interessa agli industriali e alle grandi catene di supermercati è il vostro denaro, non certo la vostra felicità e la vostra salute. Non fatevi ingannare dalle spacconate di quei parolai che vi giurano, con la mano sul cuore e la lacrima pronta, che lottano per il vostro benessere e difendono il vostro potere d'acquisto. È tutta una commedia, una millanteria, nient'altro. Non fidatevi di nessuno, siate vigili e soprattutto siate esigenti!

Dovete rendervi conto una volta per tutte che in fin dei conti siete voi consumatori ad avere il potere. Siete voi che decidete se comprare o meno nei vari reparti quello che vi viene offerto. Usate questo potere per cambiare finalmente le cose.

Ora che siete informati sui tranelli tesi dall'industria agroalimentare e dagli ipermercati, vedremo come mettere in pratica questo insegnamento per evitare di farvi prendere in giro.

L'ideale – e l'unica soluzione radicale – sarebbe naturalmente quella di bandire definitivamente qualsiasi prodotto industriale, e di limitarsi ai prodotti grezzi, freschi, non trasformati. Ma questo, con le nostre frenetiche vite moderne, è diventato illusorio quanto il rimetterci a tesserci le stoffe o a cucirci da soli i vestiti.

Inoltre bisogna riconoscere che i prodotti industriali, i piatti pronti e i cibi in scatola o surgelati sono davvero pratici. Si conservano a lungo, permettono un risparmio di tempo considerevole, e se ne trovano persino certi che sono di ottima qualità. La difficoltà, in realtà, consiste nel riconoscere i buoni prodotti, nel separare il grano dal loglio. Dunque come si fa a sopravvivere nella giungla delle merci?

Consiglio numero 1: controllate le origini

Innanzitutto privilegiate sempre i prodotti locali, regionali e nazionali e, infine quelli che vengono da paesi con una "cultura etica" e una "cultura dell'igiene e della qualità" sviluppate, con norme vincolanti. Sappiate che il sistema di norme e controlli europeo, anche se non è perfetto, è il più rigoroso ed efficiente del mondo. Molto spesso le nuove norme, la proibizione di molecole pericolose e tutti i miglioramenti sanitari sono messi in opera a livello europeo, prima di estendersi lentamente a tutto il pianeta.

Evitate assolutamente i prodotti alimentari cinesi e, seppur in minor misura, quelli indiani, turchi e di altre origini esotiche. Se a volte è possibile trovare qualche ottimo prodotto proveniente da questi paesi, è certo che se ne trovano molti adulterati.

La miglior illustrazione di questo principio di base ve la forniscono i numerosi consumatori cinesi che si affannano come invasati a nutrirsi di prodotti importati dall'Australia, dall'Europa o dagli Stati Uniti, tanto hanno perso la fiducia nei loro produttori agroalimentari in seguito ai troppi e continui scandali.

Tuttavia, cari lettori, di tanto in tanto vi capiterà di imbattervi in qualche anima caritatevole e benpensante che affermerà che i prodotti alimentari cinesi e importati valgono quanto i prodotti europei. Per favore, non ascoltatela. Di certo quelle persone non hanno mai messo piede in una fabbrica agroalimentare né importato prodotti dalla Cina come ho fatto io per anni. Hanno consumato tè imbottiti di pesticidi, zucchero liquido colorato al posto del miele e salse di pomodoro o ketchup fabbricate a partire da pomodori marci senza notare niente di particolare, a parte il prezzo basso.

Tenete a mente i pochi esempi che vi ho descritto e sappiate che non ho menzionato tutti i casi di frode di cui sono stato vittima, la lista sarebbe molto lunga. Per fare solo un esempio (il bicchiere della staffa), penso ai funghi selvatici cinesi: spugnole secche o surgelate piene di sabbia, sale, sassi, viti, bulloni e persino di pallottole di fucile per aumentarne il peso, boleto giallo commestibile mischiato con *Boletus felleus* non commestibile, porcini secchi innaffiati con acqua contenente pesticidi per guadagnare peso ed evitare il deterioramento... E poi ci sono tutti i prodotti che non ho importato personalmente e che sono senza alcun dubbio soggetti agli stessi imbrogli.

Battetevi anche per una miglior informazione sulle origini dei prodotti. Vi sembra normale che venga indicata come origine geografica: EXTRA UE? Di che paese stiamo parlando? Di quale continente?

Così facendo, vi sarete già portati molto avanti.

A parte che, se l'origine fosse valorizzante, sarebbe orgogliosamente indicata proprio al centro dell'etichetta, come nel caso del Tabasco e del suo *made in* USA.

Consiglio numero 2: evitate i primi prezzi

È socialmente difficile da dichiarare ma, sfortunatamente la qualità ha un costo. Sono il primo a dispiacermene, tanto mi piacerebbe che nutrirsi bene fosse un diritto elementare. Ma oggi non sperate di avere il meglio al prezzo dei prodotti di bassa gamma; e, se volete mangiare bene, dovrete spendere un po' di soldi in più.

Ma vi sembra davvero di sciupare denaro quando, per qualche decina di centesimi di euro in più, acquistate un miele locale anziché un "miele" cinese che in realtà non è altro se non un assemblaggio di glucosio, aromi di sintesi e coloranti?

Vi sconsiglio fortemente di acquistare i prodotti primo prezzo. Generalmente non sono i migliori come rapporto qualità prezzo e, credete alla mia esperienza, è lì che si trova la maggior parte dei prodotti scadenti. Perché è evidente che proprio sui prodotti primo prezzo c'è la pressione più forte sui costi, e dunque i rischi più elevati. Bisogna comprare meno, ma comprare meglio.

Più in generale, come fanno tutti i compratori professionisti, diffidate dei prodotti che costano troppo poco per essere onesti, delle "super-promozioni", degli sconti o degli alimenti vicini alla scadenza. Perché un venditore dovrebbe sbarazzarsi di un prodotto di qualità?

Sappiate che, in ambito alimentare, i "buoni affari" solitamente non lo sono affatto. In ogni caso, non per il consumatore e per la sua salute.

So bene che, in questi tempi difficili, molte persone hanno un magro bilancio e che per loro indirizzarsi verso i primi prezzi è una necessità. Ma lasciate che vi ricordi che l'alimentazione oggi rappresenta appena il 15% del budget medio dei francesi. Non si è mai speso così poco per nutrirsi, anche se la maggior parte di noi può fare lo sforzo di pagare il giusto prezzo per un buon prodotto. Però bisogna volerlo, e forse si deve riflettere meglio sulle proprie priorità in termini di spese.

Consiglio numero 3: privilegiate le grandi marche

Per un determinato tipo di prodotto, solitamente potete scegliere tra un primo prezzo, un marchio del distributore e una grande marca. E, naturalmente, i prezzi vanno in crescendo.

In realtà, i prodotti primo prezzo di solito appartengono ai distributori, ma sono commercializzati con un marchio differente perché la loro immagine non venga associata a prodotti di qualità scadente. E, siccome in ogni caso vi ho appena consigliato di evitarli, la scelta del consumatore avveduto si limiterà al marchio del supermercato (cioè la versione di cui ci si assume la responsabilità) o alla grande marca.

Inutile far durare la suspense: i prodotti delle grandi marche sono nella stragrande maggioranza dei casi di miglior qualità. I prodotti a marchio del distributore sono essenzialmente delle copie, dei cloni più o meno riusciti dei prodotti leader, fabbricati da piccoli industriali spremuti dalle catene di distribuzione. Confezioni, colori, forme, dimensioni, tutto è plagiato, persino i nomi, senza che le grandi marche possano dire niente, pena la perdita del loro posto sugli scaffali.

Non sono un gran teorico ma uno che lavora sul campo, parlo semplicemente della mia esperienza. La mia società fabbricava un sacco di prodotti per i marchi dei distributori, e posso assicurarvi che erano sempre di qualità inferiore alle marche leader, nonostante facessimo tutto quello che potevamo perché la cosa non si notasse. Per arrivare ai prezzi più bassi, gli ingredienti erano meno nobili, le ricette meno ricche, i formati più scarsi, i processi meno precisi, gli additivi più numerosi…

Se avete i mezzi per farlo, offritevi le grandi marche, è una garanzia supplementare di qualità… anche se, è vero, non assoluta.

Consiglio numero 4: evitate polveri e puree

Avete imparato che è molto facile nascondere le imperfezioni di molti prodotti attraverso la loro trasformazione. Le spezie di cattiva qualità o con impurità vengono ridotte in polvere, così come i frutti bacati sono trasformati in passate, le verdure ammuffite in puree, i cavalli interi in macinato di manzo…

Quindi comprate in primo luogo i prodotti interi, in modo che i loro difetti siano visibili e la purezza verificabile. Scegliete il pepe in grani piuttosto che in polvere e le mele intere piuttosto che in poltiglia.

Quando ve ne viene data la possibilità, prendete innanzitutto cibi interi, poi a pezzi, e solo come ultima spiaggia optate per polveri o puree.

Questo semplice consiglio vi avrebbe tenuti alla larga dalle carni tritate di composizione incerta e in via accessoria vi avrebbe evitato di mangiare lasagne al cavallo.

Evitate anche i prodotti impanati, come i bastoncini fritti surgelati di poltiglia di pesce o i nugget di pasta di carne. È roba molto grassa, non arreca alcun beneficio alla salute, a paragone di un vero filetto di pesce o di una semplice fetta di carne, e non si sa mai cosa nasconde.

Consiglio numero 5: controllate bene le liste degli ingredienti

Siate pratici, dimenticate la storia che vi raccontano e interessatevi al prodotto nella confezione e alla lista dei suoi ingredienti. Un biscotto del supermercato non è nient'altro che un prodotto industriale, e uno yogurt è solo latte fermentato. Quello che deve contare, per il consumatore avveduto, è la qualità degli ingredienti e della ricetta, nient'altro.

Un consumatore che si preoccupa della propria salute e di quella dei suoi familiari deve saper leggere una lista di ingredienti, o almeno saperne decifrare l'essenziale. Non è così complicato, se si sa cosa guardare.

Per prima cosa, evitate assolutamente i prodotti universalmente riconosciuti come nocivi per la vostra salute:

– gli *oli idrogenati* (utilizzati come conservanti e agenti testurizzanti, contengono *grassi insaturi* artificiali molto nocivi per il vostro organismo e sono presenti soprattutto in pasticceria, torte salate, biscotti...);

– i *coloranti chimici* (famiglia di additivi E100), alcuni dei quali devono essere etichettati con l'indicazione "Può influire negativamente sull'attività e l'attenzione dei bambini" (*sic!*);

– i *conservanti chimici* (essenzialmente la famiglia E200);

– l'*alluminio* in tutte le sue forme. È una sostanza neurotossica, utilizzata come colorante (E173) o come addensante sotto forma di solfato di alluminio (da E520 a E523).

Cercate anche di fare a meno dei prodotti che non vi forniscono niente e possono causare seccature più o meno a lungo termine:

– il *glutammato monosodico* e derivati, da E620 a E625;

– i *dolcificanti intensivi* come l'aspartame e il ciclamato, E951 ed E952;

– tutti i *prodotti esausti*, come i baccelli di vaniglia, che contengono tracce di solventi organici cancerogeni.

Quando è possibile, preferite gli estratti naturali alle molecole artificiali. Ma evitate anche quelle che vengono chiamate le "sostanze identiche a quelle naturali". Cercano di farvi credere che le molecole di sintesi, artificiali, prodotte dalla chimica, siano esattamente le stesse di quelle che si trovano in natura. È falso!

Perché, anche se le formule chimiche di base sono le stesse, esistono enormi differenze nelle forme spaziali di queste molecole (i cosiddetti isomeri), nelle purezze e infine nella loro assimilazione da parte dell'organismo.

La vitamina E di sintesi, per esempio, alfa-tocoferolo per gli amici, è un cocktail di otto molecole dalle formule chimiche di base identiche ma di forme differenti. La vitamina E naturale, che si trova in abbondanza nei semi e nella frutta secca, ha un'unica forma. È questa forma naturale che i nostri organismi utilizzano da milioni di anni e a cui si sono perfettamente adattati. Per questo la vitamina E naturale è dalle due alle tre volte più attiva nel nostro organismo e molto meglio tollerata rispetto alle forme "identiche a quelle naturali".

Per riassumere, privilegiate i prodotti con il maggior numero di ingredienti naturali, una composizione semplice e il minimo di additivi.

Consiglio numero 6: controllate le confezioni

Focalizzatevi sul contenuto, sul prodotto, non sul contenitore. La vostra attenzione deve essere rivolta verso quello che mangerete, non verso quello che ingombrerà le vostre pattumiere. Non lasciatevi trarre in inganno dalle belle confezioni, un cartone spesso, un colore simpatico, una foto carina, una doratura o un nome alla moda. Diffidate delle affermazioni totalmente inverificabili dei produttori, delle menzioni valorizzanti indefinite, degli pseudo-marchi di qualità, o delle ovvietà scandite come garanzie di qualità. La forma esteriore non conta, se c'è la qualità.

Non comprate prodotti secchi (pasta, lenticchie, corn flakes...) in confezioni di cartone riciclato imbottito di oli minerali cancerogeni nel caso in cui il prodotto sia direttamente a contatto con la carta. La carta riciclata farà magari anche bene al pianeta, ma fa sicuramente molto male a noi.

Evitate a ogni costo le confezioni in plastica dette "oxo-bio" o "oxo biodegradabili". Non sono realmente biodegradabili, ma frammentabili in microparticelle solitamente a base di polimeri sintetici molto inquinanti.

Non comprate le confezioni "che fanno ecologico" senza esserlo, come un foglio di cartoncino incollato su una pellicola di plastica (esperienza vissuta): unendo in un imballaggio composito dei materiali che prima erano perfettamente riciclabili, si ottiene il solo risultato di renderli non più riciclabili.

Sempre nell'ambito delle confezioni, molti si chiedono se ci sia una differenza tra le scatolette e i barattoli di vetro. Un barattolo di vetro è trasparente e il suo contenuto si vede. Gli industriali saranno dunque costretti a mettere i più bei prodotti nei barattoli di vetro, mentre lo scatolame lascia più libertà.

In più, l'interno delle scatolette è ricoperto di vernici (lattine di bibite comprese) che sono assenti nei barattoli di vetro. Queste vernici contengono bisfenolo A, un perturbatore endocrino vietato in Francia dal 1° gennaio 2015... ma non altrove.

Quindi, vantaggio molto netto per il vetro, sotto forma di vasetto o di bottiglia.

Consiglio numero 7: controllate le date di scadenza

Adesso sapete che la data di scadenza e il termine minimo di conservazione non sono sempre affidabili, perché fissati da industriali pressati dalla grande distribuzione e sottoposti a una concorrenza feroce che li spinge ad allungarli, a volte oltre il ragionevole. Non conosco molti prodotti alimentari, a parte i grandi vini, che migliorano invecchiando. Vitamine, glucidi, proteine e altre molecole benefiche si degradano col tempo, quale che sia la modalità di conservazione. Gli imballaggi si degradano. Ed è proprio per questo che vengono imposti dei limiti.

Il mio consiglio: non comprate i prodotti troppo vicini alla data di scadenza o al termine minimo di conservazione. Limitatevi ai due terzi della durata di vita del prodotto, la qual cosa vi eviterà qualche disappunto.

Non lasciatevi colpevolizzare dalle lobby "antispreco" che vi garantiscono la bontà di un prodotto fino alla sua data di scadenza o anche dopo il suo termine minimo di conservazione. Se l'industria produce troppo, se i supermercati accumulano merci in magazzino troppo a lungo, e tutto per beneficiare di economie di scala, non è un vostro problema. Per voi la priorità deve essere la vostra salute, e consumare prodotti il più possibile freschi per nutrirvi bene.

Beninteso, per evitare gli sprechi vi incoraggio a gestire con intelligenza i vostri acquisti di prodotti alimentari. Non comprate troppo, non accumulate in eccesso e state attenti a non dimenticare una bottiglia d'olio in fondo a un armadietto o uno yogurt nel cassetto della verdura del vostro frigorifero.

Consiglio numero 8: diffidate dei marchi di garanzia

Orientarsi è difficile, tanto sono numerosi, gli sono stati dedicati libri interi. Alcuni dei nostri prodotti erano certificati bio, Fairtrade, Halal, casher, prodotto dell'anno, qualità garantita, origine controllata... e di queste certificazioni ne esce una ogni giorno. Alcune sono ufficiali, altre sono prodotti di puro marketing che si comprano, altre infine sono pure e semplici invenzioni aziendali. Per evitare di ingurgitare troppi pesticidi o di consumare OGM, informatevi su quali sono i marchi ufficiali che certificano l'origine biologica nel vostro paese e attenetevi a quelli.

Il commercio equo e solidale è difficile da mettere in pratica, anche se si basa su un ottimo principio. Sfortunatamente, per molti soggetti commerciali è prima di tutto un modo semplice di aumentare i prezzi e creare profitto. Il più conosciuto e il più serio in questo ambito è il marchio di certificazione Fairtrade, anche se molti dei fornitori che non sono certificati meriterebbero di esserlo. Sta a voi capire se così vi mettete a posto la coscienza.

Attenzione ai marchi "equi e solidali" che sono solo copie messe a punto dalle grandi multinazionali a scopo di propaganda. È una vera e propria penosa truffa. Un marchio di qualità "della casa", creato su misura e perfettamente opaco, per evitare tutti i vincoli legati a un marchio di qualità minimamente serio e indipendente.

Diffidate anche dei marchi "promozionali" che non hanno niente di ufficiale e che sembrano indicare che un prodotto è stato scelto tra tutti come il miglior prodotto dell'anno dall'insieme dei consumatori. In realtà, questo tipo di sistema promozionale è finanziato dagli industriali che patrocinano il marchio di qualità. Il campione rappresentativo di consumatori scelto può votare solo per alcuni prodotti selezionati, non per l'insieme dell'offerta. I criteri di attribuzione del marchio di qualità sono molto limitati e orientati dal marketing. Non considerano la qualità intrinseca del prodotto, molto difficile da quantificare, che pure rappresenta l'unico criterio davvero utile ai consumatori. A ogni modo, esistono categorie a sufficienza perché tutti siano "scelti", se la quota annuale è stata regolarmente versata. Eh sì, business, business!

Consiglio numero 9: controllate le etichettature

Lo sapete che, secondo un'indagine condotta nel 2013 dall'ONG americana Ocean, negli Stati Uniti il 30% delle etichettature di pesci e altri frutti di mare sono false o addirittura palesemente fraudolente? Filetti di pesce d'allevamento a buon mercato, come il pangasio o la tilapia, vengono spesso etichettati come merluzzo o altre specie nobili e venduti a un prezzo esagerato.

Questo dunque conferma quello che tutti pensano, e cioè che negli Stati Uniti si mangia qualunque cosa in qualunque modo.

Ma in Francia, l'unico paese al mondo la cui gastronomia è inserita nel patrimonio immateriale mondiale dell'UNESCO, cosa succede?

Ebbene, c'è poco da stare allegri, perché, secondo la Direzione generale della concorrenza, del consumo e della repressione delle frodi (DGCCRF) circa un'etichetta su cinque (il 20%) presenta dei problemi.

Molto (troppo) spesso, il pesce "selvatico" in realtà si rivela essere un pesce allevato in una gigantesca fattoria ittica, rimpinzato di farmaci in granuli e antibiotici. Naturalmente il "pescivendolo" disonesto non dimentica di triplicare il prezzo.

Quanti comuni tonni albacora si ritrovano così ogni anno trasformati in rari e onerosi tonni rossi grazie alla magia di un'opportuna etichetta? Quanti branzini appena usciti dalla loro vasca d'allevamento vengono ribattezzati "branzini pescati alla lenza" senza chiedere loro il permesso? E quante capesante del Pacifico, inzuppate e imbottite d'acqua, sono vendute come capesante di Bretagna?

L'etichettatura, che sia per il pesce, per il pane, per la frutta o per le carni, è un obbligo per i professionisti e un diritto per il consumatore. Quando non è eseguita correttamente, reclamate, protestate, non lasciate correre. Troppi abusi continuano a verificarsi perché la maggior parte dei clienti non si accorge di niente, e quelli che hanno un dubbio o notano un'irregolarità non osano dirlo.

Non fidatevi di nessuno, né del supermercato, né del

pescivendolo all'angolo della strada, ma rimboccatevi le maniche, informatevi, imparate qualcosa su ciò che mangiate, e sarà molto, molto più difficile prendervi in giro.

Consiglio numero 10: fate del vostro peggior nemico il vostro miglior alleato

Julian, la nostra diva del marketing, non perdeva mai un'occasione per martellarci con i tre grandi principi della sua arte. Di due abbiamo già parlato. Se vi ricordate, il primo è: "Tutti credono a quello che è segnato sull'etichetta". Il secondo è: "L'idea che ci si fa del prodotto è più importante del prodotto stesso". Ma il punto a cui volevo arrivare per concludere, prima di lasciarvi andare a fare la spesa e a mettere in pratica qualcuno di questi consigli, è il terzo principio di Julian, l'arma assoluta del marketing, che è: "VOI!".

Sì, voi, i clienti. Voi che ci facilitate le cose quando non fate lo sforzo di informarvi, di mettere in dubbio quello che vi si dice, che non contestate e non vi indignate, che guardate altrove per comodità, voi che privilegiate il prezzo, l'estetica o la praticità alla qualità. Voi consumatori avete la vostra parte di responsabilità in questo disastro.

È infinitamente più semplice fidarsi, lasciarsi cullare dai discorsi rassicuranti dei marchi, conservare le proprie abitudini, comprare a occhi chiusi. Il vostro peggior nemico non è il marketing che vi inganna o l'industriale che fabbrica prodotti di cattiva qualità, i supermercati che li distribuiscono o le autorità incapaci di proteggere le popolazioni dalle annunciate epidemie di obesità e diabete. Il vostro peggior nemico siete voi!

Ricordatevi delle parole di Ippocrate e di Linus Pauling: il cibo deve essere la vostra medicina, non il vostro veleno. Avete un potere più grande di quanto immaginiate. Agli industriali e agli ipermercati sono i vostri soldi che interessano: dateli a chi fa prodotti di qualità, e vi verrà offerta più qualità.

Sostenete le associazioni di consumatori che operano per l'interesse generale, il vostro, quello dei vostri figli. Hanno più peso di pochi individui isolati, e conoscono bene il sistema.

Possiate mangiare in modo sano e vivere a lungo in buona salute.

Ringraziamenti

Un grande grazie a Éric Maitrot per aver ritenuto che questa testimonianza potesse interessare qualche lettore preoccupato di nutrirsi bene, ma non solo. Curiosità e rigore, qualità rare.

La mia profonda riconoscenza a Denis per i suoi consigli assennati e per aver messo la sua erudizione e i frutti della sua esperienza a mia disposizione.

Grazie, mia incantevole sposa, mia leccornia bio, per la tua pazienza e per il tuo indefettibile sostegno. Grazie ai miei due marmocchietti per aver capito che nutrirsi bene implica qualche sacrificio.

Infine un immenso grazie a tutti quelli che, nell'"Azienda", hanno condiviso i miei dubbi e i momenti difficili.

Indice